Herderbücherei
»Texte zum Nachdenken«

Herausgegeben von
Gertrude und Thomas Sartory

Band 852

»Texte zum Nachdenken«
In den Büchern der Menschheit ist eine Fülle von Texten zu finden, die das Bewußtsein weiten und verändern, die Seele wandeln. Vorausgesetzt, man liest diese Texte wieder und wieder, läßt sie immer tiefer eindringen in Geist und Herz. Hier trennt nicht die Fremde der Zeit oder die Ferne der Kontinente, denn in tieferen Schichten der Seele sind alle Menschen einander verwandt.
Gertrude und Thomas Sartory geben in einer neuen Reihe der Herderbücherei solche »Texte zum Nachdenken« heraus: Worte von Dichtern und Denkern, Heiligen und Weisen. In jedem Band (sechs pro Jahr sind geplant) kommt eine andere Gestalt oder Tradition zu Wort, jeweils unter einer Fragestellung, die uns heute bewegt.
Schon die schöne Gestaltung jedes Bandes lädt zum verweilenden Lesen ein.

Alois Spichtig, geboren 1927 in Sachseln/Schweiz. Lebt und arbeitet in Sachseln als freischaffender Bildhauer.

Margrit Spichtig, geboren 1943 in Zofingen/Schweiz. Aufgewachsen in Beckenried. Lernte den Beruf einer Primarlehrerin und Religionslehrerin. Lebt in Sachseln.

Die Herausgeber
Gertrude Sartory, Dr. iur. can., 1923 in Hamm geboren.
Thomas Sartory, Dr. theol. habil., 1925 in Aachen geboren.
Beide Freie Schriftsteller und Mitarbeiter an verschiedenen Rundfunkanstalten
Anschrift: 8301 Niederaichbach bei Landshut.

NIKOLAUS VON FLÜE

ERLEUCHTETE NACHT

Holzschnitte zu seinen Visionen von
Alois Spichtig
mit Texten von Margrit Spichtig

Herderbücherei

Originalausgabe
erstmals veröffentlicht als Herder-Taschenbuch
Buchumschlag: Willy Kretzer

Alle Rechte vorbehalten – Printed in Germany
© Verlag Herder Freiburg im Breisgau 1981
Herder Freiburg·Basel·Wien
Gesetzt in der Times-Antiqua (Monophoto)
Gesamtherstellung:
Offizin Herder in Freiburg im Breisgau 1981
ISBN 3-451-07852-X

INHALT

NIKOLAUS VON FLÜE
ZUGÄNGE ZU EINEM HEILIGEN
Von Gertrude und Thomas Sartory
7

BETRACHTUNGEN ZUM INNEREN WEG
Von Margrit Spichtig
45

DIE VISIONEN

Die vorgeburtliche Vision 65
Die Turmvision 69
Die Vision von der Lilie 73
Die Vision von den Feuerflammen 77
Die Vision der drei Besucher 81
Die reinigende Feile 85
Die Vision vom Pilger in der Bärenhaut 89
Die Vision von der Wolke 99
Die Vision bei Liestal 103
Die Vision von den vier Lichtern 107
Die Vision von der dreifachen Danksagung 111
Die Brunnenvision 117

Textnachweis und Literatur 123

NIKOLAUS VON FLÜE
ZUGÄNGE ZU EINEM HEILIGEN

Von Gertrude und Thomas Sartory

Als »lebender Heiliger« galt Nikolaus von Flüe seinen Zeitgenossen. Nicht nur seine Landsleute strömten herbei, um dieses Wunder von einem Menschen in seiner Waldklause anzustaunen. Selbst von fernher, aus deutschen und welschen Landen, kamen Pilger in den Ranft – in diese unwirtliche, fast unheimliche Waldschlucht, wo der berühmte Schweizer Einsiedler hauste. Als er, siebzig Jahre alt auf den Tag, am Benediktusfest des Jahres 1487 starb, erwartete alle Welt, der Papst werde ihn in allerkürzester Frist heiligsprechen.

Auch die Gesandten Mailands schrieben ihrem Herzog knapp drei Wochen nach dem Tod des Klausners – unter dem 13. April 1487:

»Schließlich, wiewohl aus Gründen der Geschäftsüberlastung verspätet, geben wir Eurer Hoheit Kenntnis, daß der Einsiedler von Unterwalden am 21. vergangenen Monats aus dieser Welt geschieden ist. Bis auf diese Stunde hat er, soweit wir vernehmen, noch kein weiteres Wunder gewirkt, aber jedermann steht in Erwartung.«[1]

Ja, der Tod des Klausners war eine Art Politikum für die Diplomaten. Bis heute gilt Nikolaus von Flüe nicht nur als der größte Mystiker, den die Schweiz hervorgebracht hat, sondern auch als »Vater des Vaterlandes«. Die Reformation konnte sein Ansehen nicht mindern, und wem die religiöse Verehrung von Heiligen nicht zusagte, mochte um so mehr vor patriotischer Größe sich neigen. Noch heute kann man oberhalb der Ranft, worin Bruder Klaus volle zwanzig Jahre in Gebet, Meditation und strengster Askese gelebt hat, an einem Baum ein Schild mit der Aufschrift finden: »Der Ranft ist eine religiöse und vaterländische Stätte. Lagern, Baden und Ruhestörung sind gemäß kantonalen Bestimmungen hier verboten.«

Ein vorbildlicher Eidgenosse also – und zugleich ein »Eidgenosse Gottes«? Wer war dieser Nikolaus von Flüe?

Halten wir uns eng an jenen seelisch-biographischen Steckbrief, mit dem der Schweizer Schriftsteller Heinrich Federer in seiner leider unvollendeten Biographie den Helden seines Buches vorgestellt hat:

Die traditionellen Daten sind rasch gegeben: Am 21. März 1417 wird Nikolaus am Sachsler Berg im Kanton Unterwalden geboren (also genau hundert Jahre vor Luthers Thesenanschlag). Ein Bauernsohn und Bauersmann, der keine Schulbildung besitzt, aber um so großartiger denken kann – im alten Zürichkrieg und im Thurgauer Feldzug wacker mitkämpfend, verheiratet, Vater von fünf Söhnen und fünf Töchtern, Landrat und Richter durch mehrere Amtsperioden. 1467 verläßt er, genau fünfzig Jahre alt, seine Familie, um sich ganz seinem innersten Beruf eines Einsiedlers und Mystikers zu ergeben. 1481 wird er zum Retter der Schweiz vor Bürgerkrieg und Selbstmord, sorgt auch sonst noch viel ins Öffentliche, wie die vorhandenen Papiere beweisen und mehr als die kargen Papiere wissen, einflußreicher, als wir ahnen, von einer Erleuchtung im Ratgeben, wie man sie nur fern vom Trödel der Welt gewinnt. Doch all das mehr gelegentlich, in der Hauptsach Aug und Seele ins Unvergängliche gestellt, am 21. März 1487 wie ein Heiliger gestorben. Wie alle großen Weisen, ein Sokrates, und, um den Höchsten zu nennen, Christus, hinterließ er nichts Selbstgeschriebenes. Auch sind nur wenige Worte unumstößlich überliefert. Aber selbst diese Brosamen genügen, um zu merken, wie reich die Seele, das Leben, das Werk ist, und wie arm und nackt dagegen das unsere[2].

Übrigens: die allseits erwartete Heiligsprechung fand dann doch nicht statt – jedenfalls damals nicht. Was der »Heiligkeit« von Bruder Klaus natürlich keinen Abbruch tun konnte! Auch Katholiken glauben nicht, daß dem Papst ein Beförderungsrecht fürs Jenseits zusteht. Seine Amtsvollmachten sind auf die irdische Kirche beschränkt. Mit dem irdischen Kult nämlich, der öffentlich-kirchlichen Verehrung der Heiligen, hat es der Prozeß der Selig- und Heiligsprechung zu tun. Kanonisation bedeutet, daß der von vielen Menschen oft schon lange Zeit Verehrte mit voller himmlisch-irdischer Legitimation auch gottesdienstlich als ewig Vollendeter gefeiert und angerufen werden darf. Und zwar entweder nur an bestimmten Orten (etwa, wo er gelebt hat, gestorben oder begraben ist), wenn er erst »selig«, oder überall in der Kirche, wenn er »heilig« gesprochen ist.

Es sollten fast zwei Jahrhunderte bis zur Seligsprechung von Nikolaus vergehen. Bischöfe und Päpste hatten andere Sorgen in den Wirren der vorreformatorischen und reformatorischen Zeit. Erst 1669 wurde die kirchliche Verehrung für Sachseln (wo Bruder Klaus begraben ist) durch päpstliches Breve erlaubt, 1671 für das Bistum Konstanz und die ganze Schweiz. Die Schweizer selbst freilich bekümmerte die lange

Wartezeit wenig – für sie war Nikolaus »der Heilige« schlechthin, Nationalheiliger der Eidgenossen, und in diesem speziellen Fall machte »katholisch« oder »evangelisch« wenig Unterschied. Die schließliche formelle Heiligsprechung durch Papst Pius XII. im Jahr 1947 vermittelte höchstens noch jene Befriedigung, die aus dem Gefühl erwächst, »es immer schon gewußt zu haben«.

Wahrhaftig immer schon! Bereits zu Lebzeiten des Waldbruders hatte eine regelrechte Wallfahrt zum Ranft begonnen, so daß der Einsiedler seine Mühe hatte, nicht jene Abgeschiedenheit und Stille völlig einzubüßen, um deretwillen er Haus und Hof, Frau und Kinder verlassen hatte. Die Leute waren begeistert, endlich mal einen Heiligen mit eigenen Augen sehen zu können – einen »lebenden Heiligen«, wie er landauf, landab genannt wurde. Und zwar war es ohne Zweifel das berühmte »Wunderfasten«, an dem sich die Fama von seiner Heiligkeit entzündete. Seit Nikolaus im Ranft hauste, von seinem fünfzigsten Lebensjahr bis zu seinem Tod, volle zwanzig Jahre lang, soll er ohne jede Nahrungsaufnahme gelebt haben, ohne zu essen und zu trinken. *Hat oder soll?* Ist das nur eine Legende oder möglicherweise geschichtliche Tatsache? Eine bloß fromme Legende, die erst später unter seinen Verehrern aufgekommen wäre, ist es nicht. Das ergibt sich eindeutig aus den geschichtlichen Quellen, die Robert Durrer (Historiker, Kunsthistoriker und Staatsarchivar) mit unnachahmlicher Akribie im Auftrag der Hohen Regierung des Kantons Unterwalden ob dem Kernwald gesammelt, erläutert und ab 1921 herausgegeben hat – unter dem Titel: »Bruder Klaus –

Die ältesten Quellen über den seligen Nikolaus von Flüe, sein Leben und seinen Einfluß«.

Robert Durrer betont in dem oftmals nachgedruckten Vorwort zu seinem Quellenwerk: »Als absolute Tatsache ist nach dem übereinstimmenden Eindruck der Quellen zu konstatieren, daß die Mitwelt (des Klausners) gemeiniglich an die gänzliche Nahrungslosigkeit des Einsiedlers glaubte. Wenn es sich um eine rein historische Frage handeln würde, könnte es kaum jemandem einfallen, die bestimmten Zeugnisse zu bezweifeln.« »Die Zeitgenossen nahmen zwar die absonderliche Sache keineswegs kritiklos hin, aber sie beugten sich vor den Beweisen, die ihnen vollgültig erschienen.« »Es ist nicht zu verkennen: die Grundlage für die Weltberühmtheit und auch für das... politische Ansehen des Bruder Klaus war der Ruf seines Wunderfastens.«[3]

Der Ruf seiner völligen Nahrungslosigkeit war also für die Zeitgenossen von Bruder Klaus der Hauptzugang zu diesem Heiligen. Aber für Menschen des zwanzigsten Jahrhunderts ist dieses Phänomen wohl eher eine Barriere. Die Visionen des Einsiedlers – ja, die sind tiefenpsychologisch höchst genial, darüber lassen sich wissenschaftliche Werke schreiben. Und erst die politische Bedeutung des Heiligen, die geradezu dramatische Rolle, die er beim »Stanser Verkommnis« gespielt hat – das ist aktuell! Da steigt man gern ein. Das Thema Wunderfasten in den Quellen läßt Bruder Klaus dagegen fremd und fern erscheinen: ein Mann des Mittelalters, unverständlich, unzugänglich dem heutigen Lebensgefühl.

Oder vielleicht, genau besehen, doch nicht *nur*

Barriere? Möglicherweise vielleicht sogar ein – wenn auch mühsamer – »Zugang«? An dieser Stelle müssen wir eine nicht leichte Entscheidung fällen: Können wir dem Leser zumuten, das Thema »Nahrungslosigkeit« ausführlicher zu entfalten? Wobei »zumuten« in diesem Fall wörtlich zu verstehen wäre: wir müßten seinem Mut etwas zutrauen, seinem Mut, einem Rätsel standzuhalten. Ein Mut, der sich andererseits lohnen könnte.

Wir sind nämlich überzeugt: das Wunderfasten ist immer noch, bis zum heutigen Tag, einer der entscheidenden Zugänge zur Gestalt dieses Heiligen, zu seiner prophetischen Gestalt. Darum haben wir uns entschlossen, auf jene weise Toleranz des Lesers zu setzen, die »mehr Dinge zwischen Himmel und Erde« für möglich hält, als die Wissenschaft der Universität sich träumen läßt!

Wie an der rätselhaften Nahrungslosigkeit sich die Fama von der Heiligkeit des Klausners entzündete, so war es auch die Kunde von diesem Wunderfasten, die seinen Namen in die ganze Welt trug. Hans von Waldheim, dessen Reisebericht eine der wichtigsten Quellen der Bruder-Klaus-Forschung ist, hat erzählt, auf welche Weise er im fernen Sachsen auf den Schweizer Einsiedler aufmerksam geworden war. Waldheim, um 1422 in Halle geboren, war ein prominenter Bürger seiner Vaterstadt, Bornmeister und – in regelmäßigem Turnus – mehrfach Erster Rats-Meister. Im Anschluß an eine Pilgerreise nach Südfrankreich suchte er 1474 auch Nikolaus auf. Zum Glück für die spätere Bruder-Klaus-Forschung hatte der vornehme Mann aus Halle die Angewohnheit, ein Tagebuch zu führen. So sind wir nicht nur über seine Erlebnisse im Ranft genau unterrichtet, sondern wissen auch, wie er dorthin geführt worden ist. Schließlich lebte der Einsiedler damals – 1474 – erst seit sieben Jahren in seiner Schlucht, und es war nicht selbstverständlich, daß man in einer so weit entfernten Stadt wie Halle davon redete. Einsiedler waren in damaliger Zeit nicht gerade Weltwunder, und Waldheim hätte nicht bis in die Schweiz fahren müssen, um einmal einen Waldbruder zu sehen!

Hans von Waldheim berichtet denn auch: »Ich wußte von Bruder Klaus gar nichts. Ich hatte auch in unserem Lande nichts von ihm sagen hören und bekam erst auf folgende Art Kunde von ihm: Heinrich von Waldheim, mein Sohn, bat mich auf Mariä Geburt im Jahre 1473 nach Christi unseres Herrn Geburt am Jahrmarkt zu Halle in Sachsen, ich möchte ihm für seine Laute gute Saiten kaufen. Also ging ich mit ihm auf den Jahrmarkt und kam zu einem Kaufmann, der hatte mancherlei Sachen feil, auch viele Edelsteine, ihm kaufte ich die Saiten ab. Über die Edelsteine kamen wir lange ins Reden. Er nannte mir auch den größten Smaragd, den es auf der Erde geben solle. Derselbe wäre im Kloster Reichenau bei Konstanz. Er fragte mich auch, ob ich nicht auch schon von einem lebenden Heiligen, Bruder Klaus genannt, gehört habe. Dieser habe seine Klause in Unterwalden in der Schweiz und hätte seit vielen Jahren weder gegessen noch getrunken. Heimgekommen, schrieb ich dies in mein Tagebuch, in der Meinung und Hoffnung, sollte ich je in dieses Land kommen, dem nachfragen zu können.«[4]

Hier sehen wir deutlich, auf wie zufällige und

mühsame Art sich Nachrichtenvermittlung in jenen Zeiten abspielte, in denen es nicht nur kein Fernsehen, kein Radio, keine Zeitungen gab, sondern auch Reisen außerordentliche Unternehmungen waren – ebenso zeitraubend und kostspielig wie gefährlich. Am ehesten kamen die Kaufleute herum; sie vor allem waren es darum auch, die Neuigkeiten verbreiteten. Und als »Neuigkeit«, von der man am begierigsten hörte, von der man am liebsten redete, empfand man auch damals schon das Sensationelle. Daß dieser Schweizer Einsiedler ein Mann mit ungewöhnlichen geistlichen Erfahrungen war, ein Seher, dessen vielschichtige Visionen immer noch voll ungelöster Rätsel sind, daß er ein Mystiker war, ein wirklich »lebender Heiliger« – davon wäre zu seinen Lebzeiten vermutlich kaum etwas außerhalb seiner Heimat bekannt geworden. Nicht einmal die wirklich dramatische Wende seines Lebens, die seine engeren Landsleute durchaus erschüttert hatte, scheint damals über die Schweiz hinaus Aufsehen erregt zu haben – daß da ein angesehener Mann nicht nur alle öffentlichen Ämter niederlegt, sondern auch Haus und Hof verläßt, ja sich von Frau und zehn Kindern trennt. Erst die Kunde von seiner Nahrungslosigkeit verbreitete sich mit Windeseile – und man sagt, daß es bei seinem Tod in ganz Europa keinen Menschen gegeben habe, dem der Name Bruder Klaus nicht ein Begriff gewesen sei. Eine Art Jahrhundertwunder also, wie es der Kaufmann auf dem Jahrmarkt zu Halle offenbar empfunden hatte.

Nun denken wir vielleicht: na ja! – im finsteren Mittelalter halt! bei der Wundersucht der Leute damals ...!

Daß spätere Generationen sich schwer tun werden, solch Unglaubliches zu glauben, daß sie Einwendungen erheben, Zweifel anmelden werden, hat mancher kluge Mann damals vorausgesehen und erwartet.

Johannes Trithemius, geboren 1460, ein Mann, der wegen seiner umfassenden Gelehrsamkeit berühmt war, schrieb in den Hirsauer Annalen über Bruder Klaus:

»Dieser Eremit, der lange in der Einsamkeit lebte und in zwanzig Jahren nichts gegessen (hat), wurde nämlich zu unserer Zeit mit Recht bewundert. Ich weiß und zweifle nicht daran, die ganze Nachwelt wird sich darüber wundern, einige werden uns der Lüge zeihen, andere der Unwissenheit. Aber wir sind in dieser Sache weder lügenhaft noch der Wahrheit unkundig, wenn wir das, was durch das Zeugnis von mehr als hunderttausend Menschen bestätigt ist..., als geschichtliche Tatsache annehmen. Keiner unserer Nachkommen darf es in Zweifel ziehen, es ist heute öffentlich bewiesen und beinahe die Überzeugung bei allen Deutschen, daß dieser Einsiedler Nikolaus in den letzten zwanzig Jahren vor seinem Tode nicht das geringste aß, eine weit über seine Bildung hinausgehende Unterscheidungsgabe besaß, die tiefsten Geheimnisse der Heiligen Schrift zu ergründen verstand und, vom Geiste der Prophetie erfüllt, vieles voraussagte.«[5]

Trithemius betont, daß er sich nicht nur auf das Zeugnis einfacher Menschen oder der engeren Landsleute des Klausners stütze, sondern auf das der Fürsten, Päpste und Bischöfe, die entweder selbst oder durch ihre Gesandten alles bewiesen gefunden hätten. In der Tat war man damals gar nicht so leichtgläubig und unkritisch, wie wir rückschauend annehmen. Zwar glaubte man grundsätzlich an die Möglichkeit von Wundern, aber man hatte keine Lust, sich von Betrügern hereinlegen zu lassen oder albernen Ammenmärchen aufzusitzen. Nicht einmal die Obwaldner wollten sich für den Einsiedler einsetzen, ihm Klause und Kapelle bauen, bevor nicht jeder Argwohn ausgeräumt war. Sie bestanden auf einer amtlichen Untersuchung sowohl von staatlicher wie von kirchlicher Seite.

Darüber berichtet auch Heinrich Wölflin, der um das Jahr 1500, einige Jahre nach dem Tod von Nikolaus, von der Regierung von Obwalden beauftragt worden war, eine authentische Lebensbeschreibung des Einsiedlers herauszugeben. Wölflin hielt sich gewissenhaft an die Dokumente des Sachsler Kirchbuchs und andere mündliche Berichte von noch lebenden Augenzeugen.

Zum Thema Nahrungslosigkeit schreibt Wölflin:

»Als bei seinen Landsleuten das Gerücht solch ungewohnter Abstinenz sich verbreitete, begann man in entgegengesetzten Auffassungen darüber zu streiten. Die einen beteuerten Gottes bewunderungswürdige Anordnung und glaubten sofort, andere aber, die Leichtgläubigkeit haßten, schwankten, ob ihm etwa heimlich Speise besorgt werde, während ihn die dritten direkt als Betrüger verdächtigten. Darum wurden durch Ratsbeschluß Wächter aufgestellt, welche die ganze Ranftschlucht ringsum sorgfältig beobachteten, damit kein Mensch weder zu noch von dem Diener Gottes gelangen konnte. Als sie diese Bewachung einen ganzen Monat lang mit größter Strenge durchgeführt, fanden sie gar nichts, was religiöse Heuchelei ... verriet.«[6]

Nun war man zwar persönlich überzeugt, fühlte sich aber noch nicht genügend abgesichert, man hatte Sorge, der Heimatkanton könne in den Nachbarländern verdächtigt werden, man habe die Untersuchung nicht sorgfältig genug geführt, um durch den Besitz eines Heiligen zu Ruhm und Ehre zu kommen. Darum wurde der zuständige Bischof, Hermann von Konstanz, um eine kirchenamtliche Überprüfung gebeten. Der schickte als seinen Stellvertreter Weihbischof Thomas. Im bischöflichen Konzeptbuch von Konstanz ist der Originalentwurf für diese Beauftragung überliefert.

Bischof Hermann schreibt im April 1469 (der Klausner lebte damals seit über einem Jahr im Ranft) an seinen Weihbischof, in der ganzen Schweiz gehe das Gerücht um, daß ein gewisser Laie, ein Mann von lobenswertem Lebenswandel, schon seit vielen Monaten ohne menschliche Nahrung und irdische Speise nur durch himmlische Stärkung wunderbar am Leben gehalten werde. »Da aus Erwägungen und Wahrscheinlichkeitsgründen sich der lebhafte Verdacht aufdrängen könnte, daß hinter all diesen sogenannten Tatsachen ehrgeizige und betrügerische Machenschaften stecken, und da zu befürchten ist, daß, wenn nicht mit raschen und geeigneten Mitteln eingegriffen wird, die einfältigen Schäflein Christi verführt werden und in Irrtum und Aberglauben versinken und dadurch nicht geringes Ärgernis und Seelengefahr entstehen könnten..., sind wir begierig, über all dies die Wahrheit zu erfahren und genau zu untersuchen, da ja nach dem Zeugnis des Apostels sich der Engel der Finsternis nicht selten in einen Engel des Lichts verwandelt und

Zeichen tut, welche nicht auf dem Grundstein des Glaubens beruhen... Wir geben daher Eurer Amtsperson, deren Urteilskraft wir höchlich vertrauen, den Auftrag, durch geheime Nachforschung und eifrige Verhörung... Euch über die obengenannten Verhältnisse und deren Umstände umständlich und genau zu informieren...«[7]

An Umständlichkeit und Genauigkeit ließ es der Weihbischof nicht fehlen. Am Tag der Einweihung der Ranftkapelle, von den Unterwaldnern auf gemeine Landeskosten erbaut, unterhielt er sich viele Stunden lang mit dem Einsiedler. Dabei stellte er ihn auf die Probe, indem er Bruder Klaus die zunächst harmlos klingende Frage vorlegte, welche der Tugenden er für die Gott wohlgefälligste halte. Auf die prompte Antwort: den Gehorsam! zog Bischof Thomas Brot und Wein hervor, brach das Brot in drei Bissen und befahl dem überraschten Mann, sofort und in seiner Gegenwart zu essen und zu trinken.

Wölflin schreibt über diesen Augenblick:

»Nikolaus wollte dem Befehl des Prälaten sich nicht widersetzen, aber die Schwierigkeit infolge der langen Entwöhnung fürchtend, erlangte er durch Bitten, daß jener ihm erlaubte, nur eines der Stücke essen zu müssen. Er konnte dies nur mit größter Mühe herunterbringen und auch das Schlücklein Wein konnte er kaum ohne Brechen schlürfen. Darüber bestürzt, erklärte der Prälat den Mann als völlig bewährt und zeigte auch an, daß er nicht aus persönlichem Mutwillen, sondern im Auftrag des zuständigen Oberhirten mit ihm dieses Experiment angestellt habe.«[8]

Von sich aus hat Nikolaus, der sowieso ein großer Schweiger war, über das Geheimnis der Nahrungslosigkeit nie gesprochen, nur in den allerersten Tagen des Nahrungsabbruchs einmal, als er seinen Seelsorger um Rat fragte. Auf Fragen antwortete er ausweichend.

Als der Besucher aus Halle, Hans von Waldheim, ihn direkt auf die Sache ansprach und es gern genau wissen wollte (schließlich hatte die Fama vom Wunderfasten ihn in den Ranft geführt), sagte der Klausner in lapidarer Kürze: »Gott weiß!« Und ein neugieriger Abt, der den Waldbruder mit unangebrachter Dreistigkeit ansprach – »Du bist also derjenige, der sich rühmt, in so vielen Jahren nichts gegessen zu haben?« –, konnte sich mit Recht abgekanzelt fühlen, als er zur Antwort bekam: »Guter Vater, ich habe nie gesagt und sage nicht, daß ich nichts esse.«[9]

Es war verhängnisvoll, daß immer wieder die pure Neugier oder Sensationslust der Oberflächlichen sich in jenes Geheimnis einzudrängen suchte, das so ganz mit dem inneren Leben des Klausners verwoben war. Das Wunderfasten war nicht ein bloßes Ornament seiner Lebensgestalt, letztlich äußerlich und entbehrlich. Und die Frage, wer Bruder Klaus war, läßt sich darum nicht beantworten, wenn man dieses Faktum aus einer gewissen Verlegenheit heraus ausspart.

Auf der Sachsler Grabinschrift von 1518 wird denn auch mit Recht unter den wesentlichen »Daten« seines Lebens die völlige Nahrungslosigkeit ausdrücklich genannt.

*»Anno 1467 ist der selige bruder claus gegangen von weib und kindern in die wildnis
diente Gott zwanzig jahr und ein halbes ohne leibliche speise
ist gestorben an sankt benedikts tag anno 1487.
Hier liegt er begraben.«*[10]

Das ist sozusagen das Urgestein seines Lebens, dreifach geschichtet: die Trennung von Frau und Kindern – ein Leben in der Wildnis, allein mit Gott – ohne leibliche Speise. Sonderbar, ganz und gar sonderbar! Nicht zum Nachahmen empfohlen! Nicht zum Nachmachen gedacht! Und doch eine gewaltige Predigt, eine wortlose Botschaft.

Was nicht so zu verstehen ist, als habe Bruder Klaus zu den Menschen nicht auch gesprochen. Sie kamen ja oft in Scharen zu ihm, und er riet ihnen, half ihnen, ermunterte, ermutigte, tröstete, mahnte aber auch und warnte. Ein charismatischer Seelsorger – durchaus. Walter Nigg hat seinen großen Landsmann den Schweizer Starez genannt. Der Vergleich mit den russischen Starzen trifft. Wenn auch nicht ganz! Der Waldbruder im Ranft ist auch ein Ratgeber in politischen Dingen, und dieses elementar Politische ist für die russischen Starzen nicht typisch. Wohl für den Propheten, wie das ganze Alte Testament beweist. Und in der Tat: Man fängt erst dann an, Nikolaus von Flüe zu verstehen, wenn man den Propheten in ihm erkennt. Vor allem den Propheten jenes Typs, den Ezechiel verkörpert. »Verkörpert« im weltlichen Sinne. Was auch für die anderen Propheten gilt, ist bei Ezechiel auf die Spitze getrieben – daß der Prophet zu künden hat nicht nur durch Worte, sondern durch Zeichen, durch das Zeichen vor allem, das er selbst dem Volke darbietet, mit seiner eigenen Existenz. Was mußte Ezechiel nicht alles tun, was für exzentrische Zeichenhandlungen vollziehen, damit das Volk nicht nur zu hören, sondern zu sehen bereit war, worauf es in dieser Stunde seiner Geschichte ankäme.

Eine solche prophetische Gestalt nach Art des Ezechiel ist Bruder Klaus. Hier hat das sogenannte Wunderfasten seinen Ort, aber auch das Leben in der Wildnis und der absonderliche Entschluß, Frau und Kinder zu verlassen. Aber was heißt »Entschluß«? Nikolaus hat ihn ja nicht gefällt, er wurde über ihn gefällt, er hat sich nur darunter gebeugt, nach vielen inneren Kämpfen – und äußeren Kämpfen dazu, denn ohne das Einverständnis seiner Frau Dorothea hätte er als guter Christenmensch nicht davongehen dürfen. Und sie hat lange genug widerstanden, bis sie sich endlich doch besiegt gab, weil sie fühlten mußte, daß Nikolaus unter einem höheren Gebot stand, und seinen Frieden nicht eher wiederfinden würde, bis er gehorchen durfte!

Denn die letzten zwei Jahre zu Haus, vor der endgültigen Trennung, hatte Nikolaus schwer unter seinen inneren Bedrängnissen gelitten. Es war die Zeit, da er sich bereits von allen öffentlichen Ämtern hatte entpflichten lassen. Er, der alle Chancen gehabt hätte, ins höchste Regierungsamt – das des Landamtmanns – gewählt zu werden, hatte sich nicht nur dieser Berufung widersetzt, sondern auch alle übrigen Ämter niedergelegt. Äußerer Anlaß war eine ihn tief deprimierende Erfahrung gewesen: In seiner Funktion als

Richter hatte er eine ganz offensichtliche Rechtsbeugung nicht verhindern können, weil er von den bestochenen Mitrichtern überstimmt wurde. An dieser Niederlage der Gerechtigkeit hat er schwer getragen; aber das allein erklärt die Verdüsterung nicht, die ihn immer mehr befiel.

Später, bereits im Ranft, hat Bruder Klaus einem Predigermönch gesagt, Gott habe damals »die reinigende Feile und den antreibenden Sporn« gegen ihn angewandt, »so daß er weder tags noch nachts duldete, daß ich ruhig war, sondern ich war so tief niedergedrückt, daß mir selbst die liebe Frau und die Gesellschaft der Kinder lästig ward«[11].

Wo war die klare Ruhe seines Wesens geblieben, die ihm von Natur aus eigen war – seine Unerschütterlichkeit und Stetigkeit, die er selbst einmal in der Vision des »Steines« so deutlich vor sich gesehen hatte? Was ihm den Frieden raubte, war nicht diese eigentümliche Macht, die ihn aus all dem Seinigen wegzog, damit er – nackt und bloß geworden – mit Gott allein lebe, sondern sein Widerstand! Weil und solange er sich diesem Zug widersetzte, fühlte er sich hin- und hergezerrt, im Widerspruch mit sich selbst, geängstet, verdüstert. Als er sich endlich dieser ziehenden Macht ganz überlassen durfte, wurde es ihm im Herzen wieder hell und ruhig.

So mag die Stunde des Abschieds – es war der 16. Oktober 1467, und die Szene ist unzählige Male beredet, bedichtet und gemalt worden – zwar schmerzlich gewesen sein; aber Tragisches hatte sie nicht an sich. »Es muß sein« – welche Kraft in diesen drei Worten, wenn sie das Herz ganz ausfüllen, und kein

Platz für Zweifel bleibt! Alles spricht dafür, daß am Ende auch Frau Dorothea so empfunden hat, so schwer ihr Part auch war – zurückbleibend mit den Kindern, von denen die ältesten knapp erwachsen, das Jüngste aber erst drei Monate alt war. Überliefert ist jedenfalls, daß sie selbst den Pilgerrock für ihren Mann gewebt und genäht hat.

Aber was nun? Wohin wird Nikolaus gehn? Er hatte wohl nur sehr vage Vorstellungen, wie er künftig leben solle. Er müsse sich »verelenden« – das hatte er verstanden. Aber wie sein Leben »im Elend«, in der radikalen Entheimatung, aussehen würde, wußte er offenbar nicht. Vielleicht hat er daran gedacht, als unbehauster Pilgersmann von Ort zu Ort zu ziehen. Er macht sich auf den Weg Richtung Elsaß. Und wahrscheinlich zog es ihn zunächst einmal zu den oberrheinischen »Gottesfreunden« – zu diesen Frommen, diesen Mystikern aus dem Laienstand, deren Bewegung im späten Mittelalter eine so große Rolle spielte. Aber unser Pilger kam nur bis Liestal bei Basel; dort machte er kehrt, ging den ganzen Weg wieder zurück, entschiedenen Schritts, bis er eines Abends wieder vor seinem eigenen Haus stand; er verkroch sich im Kuhstall, verließ am nächsten Morgen ungesehen den Hof, suchte in den Wochen danach in den Wäldern ringsum nach einer geeigneten Bleibe und stieg schließlich, geführt von den vier geheimnisvollen Lichtern in den Ranft hinab. In jene Waldschlucht, in der er mit sechzehn Jahren einen hochaufragenden »Turm« visionär erblickt hatte! Dort blieb er bis zu seinem Tod, nicht mehr als runde fünfhundert Meter unterhalb des Hauses, in dem seine Familie lebte. Er betrat es nie wieder, doch kamen seine Frau, seine Kinder zu ihm, wenn etwas Besonderes anstand, so daß sie seinen Rat, seine Führung nicht entbehren mußten.

Aber absonderlich, sehr absonderlich war diese ganze Situation eben doch. Ein schreiender Gegensatz sozusagen: dort oben das stattliche Anwesen, die Ehefrau, die Söhne, die Töchter – hier unten eine Zelle, in der Bruder Klaus nicht einmal aufrecht stehen konnte: Kein Bett zum Schlafen, nichts zu essen, nichts zu trinken. Oben führte man das normale Leben einer weithin angesehenen Bauernfamilie, Nikolaus hauste in seiner Schlucht wie ein Habenichts.

Unwillkürlich drängt sich die Frage auf: War vielleicht gerade das gemeint, sollte vielleicht gerade das vor jedermann offenkundig werden, unübersehbar, unüberhörbar: ein »schreiender Gegensatz« eben?

Darum noch einmal Liestal. Da muß etwas passiert sein. Wie käme sonst ein Mann wie Nikolaus dazu, auf dem einmal eingeschlagenen, kaum begonnenen Weg, innezuhalten, umzukehren, ihn wieder zurückzugehen? Es ist dort etwas geschehen. Etwas, was uns auf die Spur bringt, in welchem Zusammenhang auch das Wunderfasten zu sehen ist.

Was sich bei Liestal, unweit von Basel zugetragen hat, läßt sich aus den ältesten Urkunden leicht rekonstruieren. Schon im Sachsler Kirchbuch ist an mehreren Stellen von Liestal die Rede, in jenem Pfarrbuch also, worin ein Jahr nach dem Tod des Klausners die Aussagen der noch lebenden Augen- und Ohrenzeugen protokollartig festgehalten worden sind. Wir halten uns hier an das Zeugnis von Pfarrer Heini Am Grund, der der innigste Vertraute des Einsiedlers und sein geistlicher Berater gewesen ist.

Heini Am Grund also gab im Sachsler Kirchbuch zu Protokoll, was Nikolaus selbst ihm berichtet hat:

»Er habe... ihm gesagt, als er einst wollte in die Fremde gehen und gegen Liestal gekommen sei, deuchte ihn diese Stadt und alles darin ganz rot, weshalb er eilig von dannen ging auf einen Einzelhof zu einem Bauern, dem er unter anderem sein Vorhaben zu erkennen gab, daß ihm aber dieser Bauer gewehrt und geraten hätte, er solle wieder zu den Seinen heimkehren und daselbst Gott dienen, das wäre ihm angenehmer, als auf fremden Leuten zu liegen, denn er möchte auch daheim mehr Ruhe haben, weil er ein Eidgenosse, denen nicht jedermann hold wäre, worauf er auch sofort am selben Abend aus des Bauern Haus gegangen und während der Nacht auf dem Felde bei einem Zaun sich niederlegte. Und als er entschlafen war, da wäre ein Glanz und ein Schein vom Himmel gekommen; der hätte ihn am Bauche aufgetan, wovon ihm so weh wurde, als ob ihn einer mit einem Messer aufgehauen hätte, und zeigte ihm das, daß er wieder heim, in den Ranft gehen und daselbst Gott dienen sollte, wie er auch getan.«[12]

Der rote Schein über der Stadt hat ihn offenbar nicht nur erschreckt, sondern irregemacht. Daß der Bauer Nikolaus hier lediglich einem harmlosen Abendrot aufgesessen wäre, ist ausgeschlossen. Vergessen wir nicht: Er war ein Seher, ein Visionär – was andere Menschen nur dumpf erfühlen, sah er nicht selten, optisch realisiert, vor Augen. Der rote Schein muß bedrohlich auf ihn gewirkt haben – jedenfalls wie etwas, was ihm Einhalt gebot: »hier nicht weiter!« »auf diesem Wege nicht!« Nur weil er bereits verunsichert war, beeindruckten ihn die eher hausbackenen Ratschläge des Bauern: Normalerweise konnte ihn nichts umstimmen, wenn er sich einmal überlegt und nüchtern für einen bestimmten Weg entschlossen hatte. So kommt die Nacht – und ihm widerfährt, was sich nur schwer ausdrücken läßt.

Er verbringt die Nacht auf freiem Feld, lagert sich neben einem Zaun, einer Hecke, schläft ein. Ein eigentümliches Lichterlebnis stört ihn auf – und es macht gar keinen Unterschied, ob es sich dabei um einen Traum oder eine Vision im Wachen handelt. Er wird von dieser Nacht an gezeichnet sein: Da bleibt kein Zweifel, er habe vielleicht »nur geträumt«. Es ist die Rede von einem Glanz, einem Schein. Aber »das« bleibt nicht hoch über ihm, fern am Himmel, es kommt auf ihn zu – fordernd, unerbittlich, hart. Er muß zurück. Der Weg, den er eingeschlagen hat, ist nicht der ihm zugedachte. Gott hat anderes mit ihm vor. Was denn genau? Das wird ihm nicht offenbart. Nur der Ort dafür, nur, *wo* das von Gott Gewollte zu vollbringen sei – da nämlich, woher er kommt.

Da gibt es nichts zu wählen, nur zu gehorchen. Das ist kein »freundliches Licht« – nichts von der Beseligung, die mystische Lichterlebnisse sonst in der Seele wecken. Das dringt in ihn ein: ein rasender körperlicher Schmerz, als hätte man ihm den Bauch aufgeschlitzt und drehe ihm ein Messer im Gedärme um. Fast möchte man, modern gesprochen, an einen Laser-Strahl denken, der ihn bis in die Tiefe des Bauches versehrt. Ein »Strahl vom Himmel« sagt auch Heinrich

Wölflin, und daß dem Pilger war, wie wenn man ihm mit einem Messer den Leib aufgeschnitten hätte und als würde er von einem Seil gezogen – den Weg zurück. So unerbittlich ist die Forderung.

Widerstehen? Wiederstehe einmal, wenn dir die Angel im Gedärme sitzt, und einer da ist, der dich dorthin zieht, wo er dich haben will! Da kann man sich vorstellen, wie Nikolaus am frühesten Morgen »den Weg unter die Füße« nahm, wie Wölflin es sagt.

Und die Folgen des leiblichen Schocks bleiben. Von Stund an hat Nikolaus nichts mehr gegessen und getrunken – sein Leben lang. Gezeichnet für immer.

Liestal bedeutete zweifellos einen Wendepunkt in der inneren und äußeren Biographie von Bruder Klaus: Man braucht sich nur einmal kurz vorzustellen, er wäre damals weitergewandert, dem Elsaß zu. Vermutlich wüßte heute niemand mehr seinen Namen: Er wäre hinausgewandert aus der Geschichte – aus der Geschichte der Welt und der Kirche. Gewiß hätte er dabei heilig werden können. Aber seinem Land, seiner Zeit, hätte der Prophet gefehlt. Der Prophet, dessen Leben mehr noch als sein Wort die Zeitgenossen stutzig machte, zum Nachdenken zwang und ihnen die Absurdität ihres leeren, inhaltslosen Lebens inmitten dieser allgemein überschwappenden Lebens-, Genuß- und Besitzgier bewußt werden ließ.

Man muß den Einsiedler im Ranft auf dem Hintergrund seiner Zeit sehen. Und es ist gar nicht schwer, sagt Heinrich Stirnimann in seinem Artikel über »Bruder Klausens Glaubensrede«, dabei gleichzeitig den »Aktualitätsbezug« zu unserer Zeit herzustellen, denn Parallelen zur zweiten Hälfte unseres Jahrhunderts liegen auf der Hand.

»Wir wissen, daß in der zweiten Hälfte des 15. Jahrhunderts der Reichtum im Vergleich zu früheren Zeiten beunruhigende Formen annahm und eine ganze Reihe von Symptomen – wie Korruption und Gewaltakte – auf eine allgemeine Zerrüttung hindeuteten.« – »Die zweite Hälfte des 15. Jahrhunderts zeichnet sich, in deutlicher Abhebung vom übrigen Mittelalter, durch folgende Symptome aus – wir erwähnen nur die grellsten –: Überhandnehmen von Grausamkeit in Krieg, Raubzügen und Folterungen, hochgezüchtetes Raffinement in Eßlust und sexuellen Vergnügen.«[13]

Die ungeheure Freßsucht, die in diesen Jahrzehnten herrschte, ist oft beschrieben worden. Es lohnt sich, unter diesem Gesichtspunkt einmal die Akten der Landshuter Fürstenhochzeit zu studieren, die 1475 mit großem Pomp in Gegenwart des Kaisers und des hohen Adels von halb Europa gefeiert wurde. 1475 also, als Bruder Klaus im Ranft lebte, seit acht Jahren schon »ohn leibliche Speis«. Es wurde damals in Landshut jede Ausgabe bis auf den letzten Pfennig festgehalten. Die Original-Kostenrechnung liegt in der Münchner Staatsbibliothek vor; man hatte gedacht, bei späteren Fürstenhochzeiten sich an der Organisation jenes wohlgelungenen Festes orientieren zu können. Es genügt, einen einzigen Posten zu nennen: die Abführmittel. Bei den üppigen, stundenlang währenden Essen durch Tage hindurch mußte immer wieder abführendes Konfekt gereicht werden, damit die hohen Gäste weiter tafeln konnten. Für Abführkonfekt in Form von »Zeltln« und »Stritzerln« wurden fünfhundert Gulden bezahlt: Das entsprach ungefähr dem Wert von 200 000 DM. Die beiden Landshuter Apotheker, die dieses Abführkonfekt zu bereiten hatten, machten das Geschäft ihres Lebens. Aber die Ausgabe habe sich gelohnt, heißt es in der Rechnung zu diesem Ausgabeposten. Die Sache tat ihre Wirkung, und die Wirkung entsprach den Erwartungen – war also nicht zu teuer bezahlt[14].

Solche Eßorgien gaben nicht nur fürstlichen Festen das Gepräge. Ein ausschweifendes Leben wurde zahllosen Menschen möglich, je wohlhabender sie wurden. Aber wurden sie dadurch glücklicher, oder, um nicht ganz so hoch zu greifen, gelangten sie dadurch wenigstens zu körperlichem Wohlbehagen? Nicht einmal das! sagt Heinrich von Gundelfingen in seinen kritischen Bemerkungen über den Lebensstil seiner Zeit. Heinrich, aus einem vornehmen schwäbischen Adelsgeschlecht, ist der erste Biograph von Bruder Klaus gewesen. Er hatte bereits eine anspruchsvolle Universitätslaufbahn hinter sich, als er den Einsiedler aufsuchte. Was er im Ranft sah und erlebte, muß ihm die ganze Verrücktheit des Lebensstils seiner Zeit schlagartig bewußt gemacht haben. Mit grimmigem Humor beschreibt er den Gegensatz zwischen einem typischen Tagesverlauf in der Klause und dem normalen Tageslauf der Weltleute.

Ist es nicht geradezu Wahnsinn, fragt er, daß man ein so wunderbares Beispiel, ein so erfreuliches vor Augen hat und nicht einmal daran denkt, es nachzuahmen? In den Augen der Welt zählt eben nur, was einer an Vermögen besitzt und was er sich alles leisten kann: Da erscheint das Leben des Klausners natürlich hart und armselig. Rechnet man aber die »seelischen Vergnügen« mit, so war es beneidenswert! Gewiß: in der Zelle gab's nur einen Sack, einen Bußgürtel, Einsamkeit, unerhörtes Fasten, einen Stein als Lager; übermütiges Gelächter war da nicht zu hören, nichts, was glänzt und lockt, war zu sehen – aber auch nichts, was stört und Unruhe schafft.

»Während wir essen, trinken und ausgelassen sind und durch den von vieler Speise aufgeblähten Bauch fast zerbersten«, »bedrückt und ermattet sind«, »betet jener und betrachtet göttliche Dinge; und was uns Mühe verursacht, war ihm stille Freude«. »So wird unser Einsiedler nicht mit Unrecht ein Sohn des Lichtes genannt.«[15]

Vor dieser Helle des Klausners kommt Gundelfingen die ganze Dumpfheit und Schwere der im materiellen Leben Versinkenden zu Bewußtsein. Man könnte auch sagen, daß es in seinem inneren Ohr wie eine Predigt hallt: Was macht ihr aus eurem Leben, ihr Menschen – und was macht ihr aus Gottes Welt? Die Botschaft, die von dem gestrengen Asketenleben des Klausners in die Welt ausstrahlt, lehrt nicht Verachtung des Lebens, sondern den rechten Umgang mit dem Leben, der erst gewonnen wird, wenn die wahrhaftig un-endliche Tiefe, die ewige Bedeutung aller Dinge wenigstens erahnt wird!

Die Nahrungslosigkeit des Klausners war mystisch begründet: ein Zeichen für diese Welt, daß der Mensch »nicht vom Brot allein lebt« und daß die Eucharistie, das Abendmahl, nicht nur symbolisch, sondern wirklich lebenstärkend, lebenerhaltend ist.

Nikolaus hat auf diesem Wege das göttliche

Geheimnis auch hinter der *irdischen Speise* entdeckt. Als ihm einmal einer seiner Besucher inquisitorisch zusetzte, es sei einfach unmöglich, daß ein Mensch ohne leibliche Nahrung am Leben bleibe, erwiderte Klaus dem Sinne nach, nicht die pure Materie des Brotes schaffe dem Menschen Lebenskraft, sondern die schenkende Güte des Himmels, die sich des Brotes gleichsam bediene. Darauf spielt auch Walter Nigg an, wenn er schreibt:

»Gewiß darf der Mensch an einer liebevoll zubereiteten Mahlzeit seine Freude haben. Bruder Klaus wäre der Letzte gewesen, dies zu bestreiten, stammt doch aus seinem Mund das ... erstaunliche Wort: ›In einem jeden Brot ist die Gnade des Allmächtigen Gottes verborgen.‹ Diese wundervolle Erkenntnis haben auch andere Mystiker in sich aufgenommen: ›Ich esse Gott in allen Bissen Brot.‹«[16]

Und so sieht Nikolaus auch im Glück, selbst im materiellen Glück, Gottes schenkende Güte wirksam. Wenn die Menschen doch nur lernen wollten, dementsprechend dankbar und ehrerbietig mit ihrem Glück umzugehen!

In seinem berühmt gewordenen Brief an die Stadt Bern, den er 1482 diktierte, heißt es: »Gehorsam ist die größte Ehre, die es im Himmel und auf Erden gibt, weshalb Ihr trachten müßt, einander gehorsam zu sein, und Weisheit ist das allerliebste, denn sie fängt alle Dinge am besten an. Fried ist allweg in Gott, denn Gott ist der Friede, und Friede mag nicht zerstört werden, Unfriede aber wird zerstört. Darum sollt Ihr schauen, daß Ihr auf Frieden stellet, Witwen und Waisen beschirmt... Und wessen Glück sich auf Erden mehret, der soll Gott dankbar dafür sein, so wird es sich auch im Himmel mehren ... Ihr sollt das Leiden Gottes in Euren Herzen tragen, denn es ist des Menschen größter Trost an seinem letzten Ende.«[17]

Man darf dieses merkwürdige Wort über das *Glück* nicht aus seinem Zusammenhang lösen, darum haben wir auch breiter zitiert. Einander gehorchen, nach Weisheit trachten, auf Frieden setzen, für die Schwachen einstehen, Gottes Leiden im Herzen tragen: das ist der Kontext, in dem dieses außerordentlich kühne Wort über das Glück steht – »Glück« in der Gestalt des materiellen Erfolgs durchaus eingeschlossen. »Glück« ist kein nur irdisches Gut – wer es als von oben geschenkt betrachtet und annimmt und entsprechend behandelt – dankbar, ehrfürchtig, verantwortungsvoll, rücksichtsvoll –, wird sein himmlisches Glück dadurch nicht aufs Spiel setzen. Im Gegenteil! So groß die Gefahr ist, durch Habsucht und Raffgier, durch Eigennutz und Mammonsdienst das ewige Glück einzubüßen, so groß ist auch die Chance, daß durch den rechten Umgang mit ihm auch das ewige Glück gemehrt wird. Ja genau betrachtet, gibt es überhaupt nicht »zwei Glücke«, sondern das richtige Glück hat zwei Seiten – die eine sieht man schon jetzt, die andere erst nach dem Tod.

Stirnimann interpretiert diesen Spruch so: »Klausens Ausspruch verleiht diesen Bibelworten (vom Schatz im Himmel) eine ganz besondere Brisanz. Weder von ›Lohn‹ noch von zwei Glücken ist die Rede. Syntaktisch ist es ein und dasselbe Glück, das sich nicht nur auf Erden, sondern auch im Himmel mehren soll. Die

Kargheit der bäuerlichen Sprache hat hier eine Äußerung geprägt, die sowohl durch inhaltliche Dichte wie durch fast provokatorische Präzision überrascht. Was Himmel und Erde zusammenbringen, das kommende Reich… gewissermaßen ins ›Jetzt‹ hineinziehen soll, ist ein Herz, in dem der Glaube Christi wohnt. Dies ist – so könnte man sagen – das Ergebnis der Meditation, die Tiefenstruktur… dieses Spruches von Bruder Klaus.«[18]

Ein Herz dagegen, das sich gegen Gott verkapselt, trennt die Erde vom Himmel und will nur die irdische Seite des Glücks, und natürlich so viel wie möglich davon, mag's tausendmal auf Kosten der Mitmenschen gehn. – Und dann wundert man sich, daß das, was man davon errafft, immer noch nicht das richtige Glück ist, und rafft noch hastiger und noch rücksichtsloser – und kann doch nie sagen: jetzt hab' ich endlich alles, was ich haben wollte.

Nikolaus hat das alles in seiner Vision vom Brunnen geschaut: Er sieht sich auf einer Wanderung zu einem Palast kommen. Dort findet er einen Brunnen, aus dem zusammen Öl, Wein und Honig fließen. Welch ein geheimnisvoller überkostbarer Quell. Für Klaus natürlich Inbild der Drei Göttlichen Personen, Vater, Sohn und Heiliger Geist, war doch sein inneres Leben (erstaunlich für einen Laien) ganz trinitarisch geprägt. Zugleich stehen Öl, Wein und Honig für des Lebens höchste Kostbarkeiten – verständlich, aus der Sicht eines Obwaldner Bauern! In die Freude des Visionärs mischt sich Verwunderung: Wieso ist kaum einer zu sehen, der aus diesem strömenden Quell nach Herzenslust schöpft? Dem Wanderer ist, als könne er sich von diesem wunderbaren Brunnen gar nicht trennen. Aber er wird gleich sehen, warum es hier keinen Andrang gibt.

»Als er sich kurze Zeit hier fröhlich verweilt hatte, ging er auf ein weites Feld, das er von einer unzählbaren Menschenmenge besetzt fand, die, wie Ameisen, geschäftig nach Gewinn und weltlichen Reichtümern strebten. Die einen, die einen Zaun errichteten, ließen niemand ohne Zollbatzen eintreten, andere, die eine Brücke über den Fluß schlugen, erpreßten den Passierenden ein Brückengeld; wieder andere, die mit Flöten, Pauken und anderen Musikinstrumenten bereitstanden, stimmten ihr Stück nicht an, bevor ihnen ihr Lohn vorausbezahlt war. Er erkannte, daß dies die menschliche Nichtigkeit bedeute, durch welche alle, die fast überall auf der Welt nur ihre privaten und vorübergehenden Vorteile suchen, von dem Besuch der vorgenannten Quelle abgehalten werden und ins Verderben gehen.«[19]

Vielleicht wundert uns der moralische Zeigefinger am Schluß – als liefe die tiefsinnige Vision vom Brunnen auf eine Kapuzinerpredigt hinaus. Das ist der Bauer, der lebenslänglich in Bruder Klaus lebendig bleibt – und der Politiker in ihm: Der Bauer, der den schlechten Stand der Saat nicht einfach nur feststellt, sondern sich zugleich fragt, ob das Feld anders, besser, hätte bestellt werden müssen! Der Politiker, der die Übel der Gesellschaft nicht nur benennen darf, sondern erforschen muß, wo der Hebel zur Reform anzusetzen wäre! Die Wiedergabe der Visionen des Schweizer Einsiedlers hat fast immer diesen (wie wir meist abwertend sagen) »moralisierenden Schluß« –

gerade auch bei den Visionen aus der kritischen Umbruchsphase vor seinem fünfzigsten Lebensjahr (zum Beispiel bei der Vision von der »Lilie«, von der »Wolke«, oder vom »Greis«, der, in drei Stimmen singend, dann ein Almosen von Nikolaus erbat). Nach Klausens eigener Interpretation laufen seine Gesichte auf eine Handlungsanweisung hinaus. Und so wurde er zum »Heiligen« und nicht zu einem Fall für den Psychotherapeuten.

Denn zweifellos ist eine so starke visionäre Begabung oder vielmehr Begnadung – Bruder Klaus war überzeugt, daß er noch im Mutterleib war, als er visionär den »Stern« sah, und dann den »Stein« und das »Heilige Öl« – voll von Fallstricken für die Psyche.

Und so ist es sicher ein großes Zeugnis, wenn C. G. Jung als Psychiater und Tiefenpsychologe erklärt: »Ich habe medizinisch an Bruder Klaus überhaupt nichts auszusetzen. Ich betrachte ihn als einen ungewöhnlichen, aber keineswegs krankhaften Menschen..., der wenige Male auf der Bühne der Welt erschien, daneben aber ein langes Leben in den Ländern der Seele lebte.«[20] – C. G. Jung lehnt es kategorisch ab, in diesen Visionen Halluzinationen, Wahnideen, Symptome von Manie oder Schizophrenie zu sehen – er hält sie für den klassischen Ausdruck eines fortschreitenden Individuations-(Selbstwerdungs-)Prozesses.

Jungs Schülerin, Marie-Luise von Franz hat eine eigene Monographie über »Die Visionen des Nikolaus von Flüe« geschrieben. Sie beginnt ihre Einleitung mit den Worten: »Nikolaus von Flüe ist unter den Heiligen der katholischen Kirche eine ganz einzigartige und ungemein originelle Erscheinung, und auch seine Visionen tragen den Stempel unkonventioneller Echtheit. Man hat den Eindruck, daß sie nicht korrigiert und verändert wurden, wodurch sie natürlich von besonderem psychologischem Interesse sind.«[21]

Die Autorin versucht, den archetypischen Bildgehalt der Visionen aufzuschließen und dadurch den Individuationsprozeß, den Selbstwerdungsprozeß, des Klausners zu erhellen – was gewiß *auch* ein legitimer Zugang zur Gestalt des Nikolaus von Flüe ist. Wenngleich man auf diesem wissenschaftlich-psychologischen Wege das Geheimnis des Mystikers, des Heiligen nicht handbar in den Griff bekommt!

Letztlich entzieht sich ein Prophet wie Nikolaus, auf den der Andere, der ganz, ganz Andere, seine Hand gelegt hat, jedem Be-greifen. Im Rathaus zu Stans steht jene Holzstatue von Bruder Klaus von 1504, die den Betrachter das Fürchten lehren kann. In diesem Gesicht ist nichts zu finden von jenem freundlichen Klausner im Ranft, der seinen Besuchern so leutselig, oft heiter erschien, der es ihnen leicht machte, ihm ihre kleinen und großen Sorgen zutraulich zu sagen, der sie tröstete, aufrichtete, zurechtrichtete und ihnen solch einfache Lebensratschläge gab, daß sie wie Binsenwahrheiten klangen, die jeder einsehen und befolgen kann. Vor der Statue von Stans begreift man den Schrecken, der Albrecht von Bonstetten überfiel, als er den Einsiedler zum erstenmal zu Gesicht bekam. Bonstetten, Dekan des Stiftes Einsiedeln, aus hohem Geschlecht, ein Mann von Welt, in engstem Kontakt mit allem, was zu seiner Zeit Rang und Namen hatte, kam mit einer kleinen vornehmen Gesellschaft am 31. Dezember 1478 in den Ranft. Nach seinem Bericht darf man annehmen, daß ein guter Teil Neugier im Spiel war, die ihn dazu bewog, den Waldbruder, von dem allenthalben so unglaubliche Dinge erzählt wurden, einmal selbst in Augenschein zu nehmen.

Bonstetten über seinen ersten Eindruck: »Der Diener Gottes erwartete uns, und da er uns erblickte, sprach er gar sanft und demütig mit männlicher Stimme, barhaupt, aufgerichtet: ›Gegrüßt seid Ihr, in Gott allerliebste Väter und Brüder‹, und reichte uns nach guter Ordnung die Hand. Wir dankten ihm alle erschrocken und wahrlich, mir stiegen die Haare zu Berge, und die Stimme versagte mir.«[22]

Auch Heinrich Wölflin weiß von diesem eigentümlich widerspruchsvollen ersten Eindruck auf die Ranftbesucher zu berichten – aber auch von dem tieferen Grund dieser rätselhaften Schreckwirkung.

Er schreibt in seiner Biographie: »(Alle), die zum Gespräch zugelassen wurden, begrüßte er heiter, belehrte und ehrte sie. So viele auch zu ihm kamen, alle wurden beim ersten Anblicke von großem Schrecken befallen. Er selber gab als Grund dieses Schreckens an, daß er (einst) einen riesigen Lichtglanz gesehen habe, der ein menschliches Antlitz umgab, bei dessen Anblick sein Herz, in kleine Stücke zerspringend, vor Schreck erschauerte. Völlig betäubt und instinktiv den Blick abwendend, sei er zur Erde gestürzt. Aus diesem Grunde komme sein eigener Anblick anderen Menschen schreckbar vor.«[23]

Wie das Erlebnis »Liestal« ihm in Fleisch und Bein lebendig blieb und er von Stund an nichts mehr essen und trinken mochte, so bannte die Vision dieses Antlitzes am Himmel ihm Seele und Geist. Er hat versucht, dieses namenlosen Schreckens Herr zu werden, indem er Namen für das namenlose Geheimnis fand. Daraus ist das große Meditationsbild entstanden, das heute in der Pfarrkirche zu Sachseln hängt: er nannte es sein »Buch«, in dem er täglich lese.

Aber der Gottesschrecken blieb in ihm mächtig. Die Statue zu Stans beweist es – siebzehn Jahre nach seinem Tod entstanden. Undenkbar, daß man damals in seiner Heimat nicht mehr gewußt hätte, wie der Klausner aussah und wirkte. Von seinem aufgewühlten Gesicht, von seinem wie vor Schreck geöffneten Mund, geht noch heute Beklemmung auf den Betrachter über.

So einfach ist »Die Sache mit Gott« wohl doch nicht. Die Welt ist kein Spielplatz, und das Leben ist kein Privateigentum zu beliebiger Verwendung, sondern Leihgabe: es steht dem Menschen nicht frei, es zu verpfuschen, und er wird Rechenschaft geben müssen, was er mit diesem Schatz angefangen hat. Die Verantwortung, die der Mensch trägt, kann nicht wie lästiges Gepäck abgeworfen werden – jeder wird sich fragen lassen müssen: Was hast du aus der Welt gemacht, dort, an dem Ort, der dir zugewiesen war?

Vielleicht lag es mit an dem Schock jener Vision, daß der Einsiedler Klaus zwar aus dem Leben dieser Welt, nicht aber aus der Verantwortung für die Welt davongehen konnte. Und in der Stille seiner Klause hat er diese Verantwortung vermutlich noch drängender empfunden als unter seinen Ämterpflichten zuvor. Seine Landsleute kamen nicht nur mit ihren privaten Kümmernissen zu ihm, sie kamen immer öfter auch mit ihren politischen Sorgen. Ihm wuchs eine Autorität zu, wie sie ihm früher nicht zu Gebote stand. Er, der ausgeschieden war aus dem Spiel um Amt und Rang, genoß das vorbehaltlose Vertrauen, daß es ihm um nichts anderes gehe als um das Wohl des großen Ganzen. Und aus der Konzentration all seiner geistigen Kräfte auf das Wesentliche wuchs ihm eine Hellsichtigkeit zu, die ihm schon bald den Ruf eintrug, ein Prophet zu sein – ein Prophet, der das Zukünftige wisse und darum im heute zu Tuenden raten könne.

So kam es schließlich zu jener »pazifistischen Großtat«, wie Robert Durrer sagt, durch die Bruder Klaus für die Schweizer zum »Vater des Vaterlandes« werden sollte. Es geht um das sogenannte »Stanser Verkommnis« vom Dezember 1481. Damals stand Zukunft und Fortbestand der Eidgenossenschaft auf dem Spiel. Die inneren Zwistigkeiten waren seit Jahren immer schärfer geworden. Unter anderem ging es um Interessenkollisionen zwischen den ländlichen und den städtischen Kantonen; auch stritt man aufs heftigste über die Frage, ob Solothurn und Freiburg in die Eidgenossenschaft aufgenommen werden sollten. Bei der ›Tagsatzung‹ von Stans diskutierte man sich so gründlich auseinander, daß ein Zerfall des Bundes und der Bürgerkrieg unmittelbar vor der Tür standen.

In diesem gefährlichen Augenblick eilte Pfarrer Heini Am Grund in den Ranft – in der Hoffnung, der Klausner werde Rat wissen. Als er zurückkam, hatten sich die Abgeordneten bereits im Bösen getrennt. Für sie war der Bund bereits eine Leiche. Heini lief weinend von Herberge zu Herberge und beschwor die Männer, sich noch einmal zusammenzusetzen – er habe einen Vermittlungsvorschlag von Nikolaus. Voller Unmut und Widerstreben versammelte man sich noch einmal – und tatsächlich wurde alles beschlossen, was der Einsiedler angeraten hatte. Nicht nur einigten sich die Abgeordneten, Solothurn und Freiburg aufzunehmen, man fand auch in den Vorschlägen aus dem Ranft die Basis für eine tragfähige Gemeinschaft.

»Das Resultat des Stanser Verkommnisses stellte nicht nur die momentane Versöhnung her, sondern gab das staatsrechtliche Gerüst für die alte Schweiz, wie sie bis 1798 existierte, ab.«[24] Alle alten Berichte heben übereinstimmend die ausschlaggebende Rolle Bruder Klausens hervor; das Tagsatzungsprotokoll vom 22. Dezember stattete ihm offiziell Dank ab. Der Statthalter und Rat zu Schwyz schrieb unter dem 23. Dezember an Schultheiss und Rat zu Rapperswil:

„Wir tun Eurer Weisheit kund, daß jetzt, am gestrigen Samstag, auf fünf Uhr nachmittags zu Stans die Sachen von dem Burgrecht und dem Streit, der so lange zwischen den Städten und auch uns Ländern gewährt hat, ganz in Ordnung kamen. Darob hat daselbst männiglich so große Freude empfunden, daß man dem allmächtigen Gott und auch dem guten Bruder Klaus zu Ehren, der auch sehr großen Fleiß und Ernst darauf verwandte, daß es in Freundschaft abging, mit allen Glocken geläutet hat und die Priester den Lobgesang angestimmt haben, was alles wir auch sofort getan, sobald wir die Kunde vernommen. Wir teilen dies Euch in aller Freude und im Guten mit, da die Unsern uns geschrieben, daß sie hoffen, daß es für Euch und uns Ländern nun mit Glimpf und Ehre ausgegangen sei.«[25]

Der Ruf der Staatsklugheit des Eremiten drang über

die Schweizer Grenzen. Auch ausländische Städte und Fürsten baten den Waldbruder um Rat und Vermittlung in ihren Händeln und Rechtsstreitigkeiten. Klaus mußte sich für seine politische Korrespondenz sogar ein eignes Siegel beilegen.

Am Leben in der Klause änderte sich dadurch nichts. Und so hart, wie Nikolaus gelebt hat, ist er auch gestorben.

»Als die Zeit nahte, wo der Barmherzige Gott seinem treuen Diener bestimmt hatte, aus der Mühsal dieses Lebens zu den ewigen Freuden einzugehen, gestattete er, daß er noch zuvor an einer schweren Krankheit leiden mußte. Da sie den ganzen Körper ergriff, klagte er aus angstvoller Seele über den Schmerz in den Knochen und Sehnen, so daß, da das Fleisch verzehrt und beinahe abgestorben war, er, sich hin und her wälzend, nirgends ruhig bleiben konnte. Als er dieses Leiden bis zum achten Tage nicht weniger geduldig als armselig ertragen, begann er brennend nach der Wegzehrung des heilsamen Leibes und Blutes zu verlangen. Und nachdem er sie empfangen, hauchte er, nach seiner Gewohnheit auf den bloßen Boden ausgestreckt, mit Danksagungen am 21. März des Jahres der Menschwerdung 1487, siebzig Jahre alt, seine Seele aus, unter unnennbarer Trauer aller.«[26]

1. Werner Durrer, Dokumente über Bruder Klaus, Rex-Verlag Luzern 1947, S. 123.
2. Heinrich Federer, Niklaus von Flüe, Verlag von Huber & Co., Frauenfeld und Leipzig 1928, S. 16.
3. W. Durrer, a.a.O., S. 191 ff.
4. W. Durrer, a.a.O., S. 57–58.
5. W. Durrer, a.a.O., S. 142–143.
6. W. Durrer, a.a.O., S. 43–44.
7. W. Durrer, a.a.O., S. 102.
8. W. Durrer, a.a.O., S. 44.
9. W. Durrer, a.a.O., S. 143.
10. Bruder Klaus, Die ältesten Quellen über den seligen Nikolaus von Flüe, sein Leben und seinen Einfluß, gesammelt und erläutert und im Auftrage der h. Regierung des Kantons Unterwalden ob dem Kernwald auf die fünfhundertste Wiederkehr seiner Geburt; herausgegeben von Robert Durrer, Sarnen 1917–1921; zit. R. Durrer, S. 393.
11. W. Durrer, a.a.O., S. 38.
12. W. Durrer, a.a.O., S. 78.
13. Heinrich Stirnimann, Bruder Klausens Glaubensrede, in: Zeitschrift für Philosophie und Theologie 23 (1976), S. 413.
14. Herzog Georgs Hochzeit zu Landshut im Jahre 1475. Eine Darstellung aus zeitgenössischen Quellen von Sebastian Hiereth, Landshut o.J. 2. Aufl., S. 24.88.
15. W. Durrer, S. 22–23.
16. Nikolaus von Flüe, Eine Begegnung mit Bruder Klaus, mit einem Essay von Walter Nigg, 48 Farbtafeln von Toni Schneiders, und Auszügen aus zeitgenössischen Biographien, Herder Basel – Freiburg – Wien 1976, S. 35.
17. W. Durrer, a.a.O., S. 116.
18. Stirnimann, a.a.O., S. 405.
19. W. Durrer, a.a.O., S. 40.
20. C. G. Jung, Bruder Klaus, in: Gesammelte Werke, 11. Bd., Walter-Verlag Olten, ²1973, S. 345.
21. M.-L. von Franz, Die Visionen des Niklaus von Flüe, Verlag Rascher, Zürich 1959, S. 7.
22. W. Durrer, a.a.O., S. 7.
23. W. Durrer, a.a.O., S. 48.
24. Zit. nach W. Durrer, a.a.O., S. 24.
25. W. Durrer, a.a.O., S. 105.
26. W. Durrer, a.a.O., S. 49.

BETRACHTUNGEN ZUM INNEREN WEG

Von Margrit Spichtig

Licht auf dem Weg

Im Leben des Bauern, Einsiedlers und Politikers Nikolaus von Flüe ereignete sich Ungewöhnliches. Nikolaus erlebte Visionen. Sie geben uns Einblick in sein inneres Leben und in seine innere Entwicklung. Sie lassen uns die Tiefen erahnen, die sich dem Mystiker öffneten, und erhellen die Tore zur Erfahrung des Absoluten, die alle auf dem inneren Weg gottsuchenden Menschen miteinander verbindet.

Das Tor zur inneren Welt öffnet sich dem, der die Mühe und Geduld aufbringt, selber die erforderlichen Schritte auf dem Weg nach innen zu tun. Es sind Schritte der Rückkehr zum eigenen Herzen, Schritte geduldigen Einübens innerer Aufmerksamkeit und des Sichöffnens. Sie sind unerläßlich, um in das *Geheimnis* hineinzuwachsen.

Intellektuelle Anstrengung genügt nicht. Sie bleibt immer außen. Sie beläßt uns bei den eigenen Gedanken und verschließt den inneren Zugang. Selbst Psychologie und Theologie garantieren kein tieferes Verstehen. Es bedarf der Hingabe des eigenen Herzens. Im liebevollen Sicheinlassen kann uns das Geschenk der Einsicht werden.

Die inneren Bilder, die Nikolaus schaute, leuchten uns den Weg seiner Gottsuche ab, diesen herrlichen und beschwerlichen Weg, der ein Leben lang währt und auf dem er hellstes Licht und dunkelste Nacht durchschreitet. Schon vor seiner Geburt sah er den Stern und den Stein und das Öl, die leisen Zeichen seiner Erwählung. Diese Vision erinnert an die Stelle bei Jeremia: »Noch ehe ich dich im Mutterleib gebildet, habe ich dich auserwählt, ehe du aus dem Mutterschoß hervorgingst, habe ich dich geheiligt und dich bestimmt zum Propheten unter den Völkern.«

Klaus wußte sich von Gott gerufen, schon als Kind. Er zog sich viel zurück und betete. Mit sechzehn Jahren widerfuhr ihm erneut ein Gesicht. Er schaute einen hohen, schönen Turm. Der weckte in ihm die Sehnsucht, »ein einig Wesen mit Gott« zu suchen. In welcher Form er dieses Leben mit Gott verwirklichen sollte, wußte er nicht. Vielleicht fragte er auch nicht. Er versuchte es einfach. Auf dem ganz gewöhnlichen Weg, den jeder andere junge Mann seiner Zeit gegangen ist, suchte er »ein einig Wesen mit Gott«. Ob er als Bauer harte Arbeit tat oder im Krieg zur Schonung mahnte, immer war er dieser Berufung treu. Klaus fügte der Erzählung dieser Vision bei »als er ouch getan«.

Doch bleibt das Ziel offen. Ist es einmal erreicht, läßt es sich nicht festhalten. Immer muß es neu gesucht und hart erkämpft werden. Die ungeheure Spannung von Gerufensein einerseits und das Wissen um die eigene Ohnmacht anderseits ließen Nikolaus zum reinen Werkzeug heranreifen. Der je neue Kampf um das Ziel formte ihn immer deutlicher zu dem, der er sein sollte: der für Gott in der Welt Handelnde, leuchtendes Zeichen seiner Gegenwart.

Jede Vision ist Durchgang, Tor zu neuer Erkenntnis. Jede Vision ist Tod und Geburt. Immer geht es darum, den alten Menschen sterben zu lassen, eigenes Planen und Wünschen aufzugeben und dem göttlichen Willen Raum zu geben. »Daß wir unser dunkles Licht erlöschen lassen, in seinem wahren wesentlichen Licht«, heißt das in der mystischen Sprache der mittelalterlichen Gottesfreunde, zu deren Bewegung auch Bruder Klaus gehörte.

Das eigene Licht sterben lassen ist schmerzhaft. Jedes Sterben bringt Leiden, doch es ist notwendig, um die eigenen Wünsche zu klären und bereit zu werden für den göttlichen Einbruch. Durch Dunkelheit und Schmerz bricht Licht. Die Grenzen sind das Einbruchstor des Unendlichen. Nikolaus hat es in den Visionen von der Lilie und von der Wolke, und vor allem in der Vision bei Liestal erfahren. Bei Liestal traf ihn das alles versengende göttliche Licht. Hier ereignete sich am deutlichsten und auch am schmerzlichsten das innere Sterben, um zu größerem Leben zu erwachen.

Das Geschehen erinnert an die Erfahrung des Mose: Keiner kann Gott sehen und am Leben bleiben! So anders, so unfaßbar ist Gott, daß seine Herrlichkeit jede menschliche Kraft übersteigt. Der Mensch kann göttliches Licht nicht ertragen, wenn nicht Gott selber ihn schützt. Im Buch Exodus steht:

»›Doch mein Angesicht kannst du nicht schauen, denn kein Mensch kann mich schauen und dabei am Leben bleiben!‹ Der Herr sprach aber: ›... Wenn mein Lichtglanz vorüberzieht, ... bedecke ich dich mit meiner Hand.‹« (Ex 33,20 und 22)

Bruder Klaus wurde vom Licht Gottes getroffen. Er stürzte zu Boden. Ihm war, er müsse sterben. Er begriff, daß nur Gott allein ihn erretten konnte. Von nun an war Gott seine einzige Kraft, ja seine einzige Nahrung. Alles, der letzte Rest von eigenem Wollen und eigenem Wünschen wurde verzehrt in der göttlichen Glut. Er ließ von seinem Vorhaben, zu den Gottesfreunden ins Elsaß zu ziehen, ab.

Von allem entblößt, nur mit dem Glauben Christi ausgerüstet, trat er den Rückzug in die Heimat an. Keine Zeichen der göttlichen Gegenwart erhellten ihm diesen Weg zurück. Nackter Glaube und blindes Vertrauen führten ihn durch die Nacht. Bruder Klaus hielt die Stille und das Schweigen Gottes aus. Nach langem, qualvollem Warten und Umherirren auf seiner Alp Klisterli wiesen ihm vier Lichter vom Himmel den Weg in den Ranft. Sie sind das letzte Zeichen auf seinem Weg in die Einsamkeit.

Nach dem Ringen um den ganz persönlichen Weg seiner Berufung öffneten sich dem Einsiedler im Ranft Dimensionen, die ihn weit über das Persönliche hinaus führten. Es sind die Bilder seiner Gottesschau. In ihnen finden die Lichterfahrungen des Mystikers verdichteten Ausdruck. Das hohe Ziel des Gottsuchers strahlt auf: die Vereinigung des menschlichen Ich mit dem verborgenen Gott; die letzte Befreiung in Gott.

Weg durch die Wüste

Die Visionen wiesen ihm seinen Weg. Es ist der Weg, den er allein gehen mußte und den er nur allein gehen konnte. Es ist *sein* Weg; einmalig, unvertauschbar.

Es ist der schmale Weg der Nachfolge Jesu, der den ganzen Menschen fordert, der Weg des Glaubenden, der durch Hell und Dunkel führt. Nebst dem Lichtvollen erfuhr Nikolaus die Dunkelheit des Nichtwissens, der Einsamkeit und der Anfechtungen des Bösen.

Mit seinem Ja zur Berufung, »ein einig Wesen mit Gott« zu suchen, sagte er ja zum Wagnis des spirituellen Lebens. Keiner, der diesen Weg wählt, entflieht dem Kampf. Je weiter er auf dem schmalen Pfad der Berufung fortschreitet, um so gefährlicher wird der Kampf. Doch Nikolaus trug durch alles Dunkle hindurch die Zuversicht des demütig Liebenden, der um sein eigenes Unvermögen weiß. Er kämpft im Vertrauen auf den Absoluten, in der gläubigen Gewißheit, daß der verborgene Gott ihm sein Erbarmen nicht entzieht.

Zur Zeit seines Entschlusses, allem zu entsagen, was seiner Berufung hinderlich ist, überkamen ihn große innere Unruhen und schwere Depressionen. Sie gehören zu den dunkelsten Seiten seines inneren Erlebens. Aus einem vertraulichen Gespräch mit einem Predigermönch wissen wir um die harten inneren Kämpfe jener Zeit. Bruder Klaus hat ihm anvertraut: »Als es nämlich ihm (Gott) gefiel, um mich zurückzukaufen, seine Barmherzigkeit gegen mich voll zu machen, wandte er die reinigende Feile und den antreibenden Sporn an, d. h. eine schwere Versuchung, so daß er weder tags noch nachts duldete, daß ich ruhig war, sondern ich war so tief niedergedrückt, daß mir selbst die liebe Frau und die Gesellschaft der Kinder lästig ward.«

Das Geliebte wurde ihm zur Last, die Liebe wurde zum Kreuz. Demütigen Herzens suchte er Hilfe in seiner Not. Kein Mittel wollte ihm helfen. Angst und tiefe Besorgnis blieben, bis ihn jener Vertraute in das »beste und heilkräftigste Mittel« einweihte:

»Es bleibe noch die andächtige Betrachtung des Leidens Christi. Ganz erheitert erwiderte ich, das sei mir unbekannt, und ich wisse nicht die Art und Weise, das Leiden Jesu Christi zu betrachten. Da lehrte er mich die Abschnitte des Leidens unterscheiden durch die sieben kanonischen Stunden nach der Tageseinteilung des kirchlichen Stundengebetes. Darauf hielt ich Einkehr in mich und begann die Übung täglich zu erfüllen, in welcher ich aus Barmherzigkeit des Erlösers für meine Armut Fortschritte machte...«

Nikolaus ging den Weg nach innen. Von den weltlichen Geschäften zog er sich zurück. Sein Ziel war die vorbehaltlose Nachfolge Jesu. Die tägliche Betrachtung galt dem erniedrigten Herrn. Ihm wollte er ähnlich werden. Sein Leiden wollte er auf sich nehmen.

Immer mächtiger wurde der Drang, »alles zu verlassen«, um »nackt und bloß« seinem Herrn zu folgen. Immer heftiger wurden die teuflischen Anfechtungen.

Heinrich Wölflin schreibt (um 1501) in der biographischen Aufzeichnung: Der böse Feind des menschlichen Heiles sah neidisch solche beständige Frömmigkeit, in welcher der Gottesmann durch häufige Übungen des Betens, Fastens und Almosengebens seine freie Zeit verbrachte, und fürchtete, sein Beispiel und seine Lehre möchten viele dem Höllenschlunde entreißen, und wo er konnte, belästigte er ihn häufig mit seiner Hinterlist. Vorzüglich, als er eines Tages in Begleitung seines Sohnes Hans durch das Melchtal – welches zwischen hohen abschüssigen Felsen liegt und von der Melchaa, welche sich in gekrümmtem Laufe durchwindet, den Namen hat – in sein Landgut ging, um das Vieh zu besichtigen, und da der Sohn Futter sammelte und der Vater als umsichtiger Landwirt die aufschießenden Dornen und Brombeerstauden aus dem Wiesland ausreuten wollte, erschien der garstige Feind und warf den auf nichts derartiges Gefaßten rückwärts bei dreißig Schritte weit in scharfe, schreckliche Dornen hinab. Als dies der Sohn bemerkte, suchte er den Vater auf, fand ihn ohnmächtig und am ganzen Körper von den Stacheln verwundet und trug ihn auf den Schultern zum Feuer in den Stall. Als er dort allmählich wieder zu sich kam, sprach er geduldig im Erwachen: »Nun denn, in Gottes Namen, wie arg hat mich der Teufel hergerichtet! Doch es war Gottes Wille!«

Auch Erni Rorer berichtet im Kirchenbuch von Sachseln: »Bruder Klaus habe ihm gesagt, wie ihm der Teufel täglich viel zuleid täte.« Und das auch in der Zeit seines Eremitenlebens. Je tiefer sich der Mensch Gott zuwendet, um so heimtückischer geht der Widersacher ans Werk. Der reißende Wolf verbirgt sich im Schafspelz. Mit Raffinesse und Ausdauer treibt er sein verstecktes Spiel. Nichts unterläßt er, den Gottgeweihten von seinem Ziel abzubringen. – Warum dieser ausgefallene Weg? Will er etwas Besonderes sein? Hält er sich für mehr als die anderen? – Er weiß um Klausens Bemühen um Gehorsam und Demut. Hier setzt er seine Versuchung an. Er drängt ihn: »von seinem Fürhaben abzusehen und zu tun wie andere Leute«.

Der Biograph schreibt:

»Bruder Klaus konnte aber bei all diesem strengen Leben den Nachstellungen des Teufels nicht entgehen; der Böse Feind plagte den Gottesfreund unermüdlich durch Beleidigungen und Verleumdungen... Da er aber sah, daß dieser durch solche unnützen Beleidigungen nicht im geringsten erschüttert wurde, begann er schlauer vorzugehen und nahm die, so viel er konnte, elegante Gestalt eines reichgekleideten Edelmannes auf hohem Rosse an und versuchte ihn mit folgenden Überredungsworten: Es sei für ihn völlig unnütz, außerhalb der menschlichen Gesellschaft ein so einsames und viel zu strenge begonnenes Leben zu führen, denn dadurch könne er nicht in die Herrlichkeiten des Paradieses gelangen; ...es sei nützer, sich den Sitten der übrigen Menschen anzupassen.«

Der Weg des innerlichen Menschen ist voller Gefahren. Es ist ein Weg in die Wüste. Der unsichere Weg führt über sich selbst hinaus. Die Grenzen öffnen sich. Der Geist wird frei und gelöst. Alles wird licht. Hohes Bewußtsein stellt sich ein. Der Mensch wird zum König. Da lauert die Gefahr. Die Lust, im Erreichten das eigene Selbst zu bestätigen, wird wach. Der Versucher blendet die Sicht. Der Abgrund des »Sich-selbst-Gefallens« tut sich auf, und im Blick auf sich selbst verdunkelt sich das Ziel. Es ist der Abgrund der Hoffart – die uralte Versuchung des Menschen –, der Fluch des Satans!

Im Neuen Testament lesen wir: »Der Widersacher erhebt sich über alles, was Gott heißt oder Gottesverehrung, nimmt im Tempel Gottes Platz und erklärt von sich selbst, daß er Gott sei.« Der Mensch, Tempel Gottes, ist in Gefahr, dem Verräter die Tore zu öffnen. Denn: »Der Gesetzlose wird auftreten mit allerlei Macht, trügerischen Zeichen und Wundern, mit allerlei böser Verführung, für jene, die verlorengehen, weil sie die Liebe zur Wahrheit nicht angenommen haben zu ihrer Rettung« (2 Thess 2,4 und 2,9–19).

Dem gelehrten Theologen Geiler von Kaisersberg, der Bruder Klaus fragte, ob er auch sicher sei, auf dem rechten Weg zu wandeln, antwortete der Einsiedler: »Wenn ich Demut habe und den Glauben, kann ich nicht fehlen.«

Demut ist der sichere Grund. Sie ist die »Waffenrüstung Gottes«, zu der uns die Bibel im Kampf gegen das Böse aufruft: »Greift zur Waffenrüstung Gottes, damit ihr am bösen Tage Widerstand leisten und, wenn ihr alles überwunden habt, bestehen könnt« (Eph 6,13).

Der Demütige läßt von sich selber. Die Sicht auf das Größere bleibt frei. Der Demütige verzichtet auf eigene Macht, an ihre Stelle tritt die Kraft gläubigen Vertrauens.

Jesus selbst hat mit der Waffe der Demut den Bösen besiegt. In seiner Entäußerung hat er sich dem Kampf mit dem Bösen ausgeliefert. Er ist den Weg des innerlichen Menschen gegangen mit all seinen Gefahren. Es heißt bei Matthäus: »Jesus wurde vom Geist in die Wüste geführt, daß er vom Teufel versucht werde. Er fastete vierzig Tage und vierzig Nächte. Zuletzt hungerte ihn.«

In die Wüste gehen heißt den Weg nach innen gehen, heißt Hinabsteigen in das nackte Dasein, sich Not und Gefahren aussetzen.

»Da trat der Versucher an ihn heran und sprach: ›Wenn du der Sohn Gottes bist, so sprich, daß diese Steine zu Brot werden.‹ Er aber gab zur Antwort: ›Es steht geschrieben: Nicht vom Brot allein soll der Mensch leben, sondern von jedem Wort, das aus dem

Munde Gottes kommt!‹ Da nahm ihn der Teufel mit in die heilige Stadt, stellte ihn auf die Zinne des Tempels und sprach zu ihm: ›Wenn du der Sohn Gottes bist, so stürze dich hinab! Es steht ja geschrieben: Er entbietet für dich seine Engel, daß sie dich auf ihren Händen tragen, damit dein Fuß an keinen Stein stoße.‹ Jesus entgegnete ihm: ›Es steht auch geschrieben: Du sollst den Herrn, deinen Gott, nicht versuchen.‹ Wiederum nahm ihn der Teufel mit auf einen sehr hohen Berg, zeigte ihm alle Reiche der Welt und ihre Herrlichkeit und sagte zu ihm: ›Dies alles will ich dir geben, wenn du niederfällst und mir huldigst!‹ Da sprach Jesus zu ihm: ›Weiche, Satan! Denn es steht geschrieben, den Herrn, deinen Gott, sollst du allein anbeten und ihm dienen!‹ Da verließ ihn der Teufel. Engel kamen und dienten ihm« (Mt 4,1–11).

In diesem dichten biblischen Bericht begegnen wir Jesus in den tiefsten Dimensionen menschlichen Daseins bis an die äußersten Grenzen. Der Messias verzichtet auf seine Macht. Darin liegt seine Größe. Gottes Dasein wird offenbar. Es ist unaufdringlich. Gott kommt anders, als es die Menschen erwarten. Er kommt als der Wehrlose, als Bruder, der Anteil nimmt an unserer Gebrochenheit. In Christus ist Gottes Wahrheit aufgestrahlt: Demut und Liebe.

Bruder Klaus hat erkannt: Wenn ich Demut habe und den Glauben, kann ich nicht fehlen.

Alles Leid, jede Versuchung ist Durchgang, Weg durch die Wüste, der mit dem Mut des Glaubenden und der Waffe der Demut bestanden wird.

Weg zum Frieden

Wer die Wahrheit sucht, ist auf dem Weg zum Frieden. Diese Erfahrung hat Nikolaus zum unentwegten Gottsucher und Friedensstifter gemacht. Im Rückzug seiner selbst, im Verzicht auf die eigene Kraft, als reines Werkzeug, durchlässig für Gottes Weisheit, ist er zum Friedensstifter geworden.

Nikolaus hat erfahren, daß Friede nicht von außen wird, daß unser Tun nicht genügt. Die Erfahrung, die er als junger Richter machte, half ihm zu dieser Einsicht. Er kämpfte für das Recht einer unschuldig Angeklagten. Seine Amtskollegen ließen sich bestechen. Er konnte das ungerechte Urteil nicht verhindern. Aus den Mäulern der Verräter sah Nikolaus Flammen sprühen. Er sah der Falschheit in den offenen Rachen und konnte ihr nicht wehren. Dieses Erlebnis bewegte ihn, auf andere Weise gegen Unrecht anzugehen. Er legte das Richteramt nieder. Ohne Vorrangstellung, ohne äußere Macht und Sicherheit stellte er sich auf neuer Ebene in den Dienst des Friedens und der Gerechtigkeit.

In den Fußstapfen des gewaltlosen Jesus trug er von innen her den Frieden durch den Unfrieden hindurch. Immer tiefer erkannte er, daß wirklicher Friede nur von Gott kommt und daß nur, wer diesen Frieden in sich trägt, Frieden stiften kann. Nichts ist stärker als Gott. Wer in der Einheit mit Gott lebt, ist stärker als Unfriede. Friede aus Gott ist unzerstörbar, wie Gott selbst unzerstörbar ist. Dieser Friede war sein Ziel. Dieser Friede blieb seine Aufgabe. Es genügt ja nicht, Friede einmal erreicht zu haben. Friede in Gott, Friede aus Gott, will unablässig gesucht und geübt werden. Daraus erwächst die geheimnisvolle Kraft, die jede Spannung aushält. Darum schreibt Bruder Klaus an den Rat von Bern: »Friede ist allweg in Gott, denn Gott ist der Friede, und Friede mag nicht zerstört werden...« Es ist der Friede, der in Christus sichtbar geworden ist und den Christus seinen Jüngern weitergeben wollte: »Meinen Frieden gebe ich euch, nicht wie die Welt ihn gibt.« Der Friede, den die Welt gibt, ist brüchig. Wie sollte auch aus unfriedlichen Herzen Friede werden: Solange wir auf unseren Unfrieden bauen, können wir nicht zu jenen Friedensstiftern werden, die Jesus in der Bergpredigt seligpreist.

Was nicht wiedergeboren wird aus Gottes Geist, bleibt ungeeint. Was getrennt ist von Gott, ist in sich selber uneins und muß darum auseinanderfallen. In Mt 12,25 heißt es: »Jedes Reich, das entzweit ist mit sich selbst, wird verwüstet werden; und keine Stadt oder Hausgemeinschaft, die mit sich selbst entzweit ist, wird bestehen.«

Die gewaltige Vision vom Zusammensturz einer im Eigennutz festgefahrenen Welt schließt dieselbe Perspektive auf. Der Eigennutz wird zur zerstörerischen Krankheit des Menschen, schwächt ihn bis zur Unfähigkeit, der Wahrheit ins Gesicht zu sehen. Das eigenmächtige Treiben stürzt ihn in tödlichen Abgrund.

Bruder Klaus sagt es im Brief an Bern mit den einfachen, unmißverständlichen Worten: »Unfriede aber wird zerstört.«

Unfriede und Unrecht tragen den Keim der Zerstörung in sich. Darum gilt es, hier und jetzt den Kampf für den Frieden zu kämpfen, für Recht einzustehen und dem Unrecht zu wehren. Besonders jene, die auf keinen Rechtsschutz zählen können, wie damals die Witwen und Waisen, bedürfen dieses Einsatzes, der unbedingt, unter allen Umständen, geleistet werden muß, so wie Klaus selber für die Entrechteten eintrat, bis zur Verweigerung der richterlichen Zusammenarbeit. Diesen gewaltlosen Kampf für den Frieden fordert er im oben erwähnten Brief an Bern: »Darum sollt Ihr schauen, daß Ihr auf Frieden stellt, Witwen und Waisen beschirmt...«

Ein gelegentlicher Einsatz für die Sache des Friedens genügt nicht. Der Kampf für den Frieden verlangt das Ganze, den Einsatz des eigenen Lebens. Der Kampf beginnt im eigenen Herzen, dort, wo Eigennutz und Machtgier ihre Wurzeln haben.

Um Körper und Geist zu läutern und für den vollen Friedenseinsatz verfügbar zu machen, übte Nikolaus hartes Fasten, körperliche Zucht, bewußtes Wachen und Beten. Sein Sohn Hans berichtet im Kirchenbuch von Sachseln: »So lang er gedenke, habe sein Vater immer... nach Frieden getrachtet... und die Gerechtigkeit liebgehabt, auch alle Wochen vier Tage, nämlich Montag, Mittwoch, Freitag und Samstag gefastet und die ganze Fasten aus alle Tage nicht mehr als einmal ein kleines Stücklein Brot oder ein wenig dürrer Birnen gegessen und sonst keine warme, noch andere Speise gebraucht. Am Abend sei er stets mit seinem Hausvolk zur Ruhe gegangen, aber jede Nacht, wenn immer er erwachte, so hörte er, daß sein Vater wieder aufgestanden war und in der Stube bei dem Ofen betete, bis daß er in den Ranft ging. Er habe auch stets alle zeitliche Gewalt und Ehre verschmäht ...«

Nikolaus kämpfte auf einer Ebene, auf der er keine Verteidigung nötig hatte. Er legte das letzte Schutzzeichen ab. Er vertauschte seine Kleider mit Büßerrock und Rosenkranz. Sie waren nicht gelegentliche Ausrüstung, sie blieben sein ständiges Gewand.

Nikolaus zog sich von allem Äußeren zurück. Er stieg in die eigene Tiefe hinunter, um ganz von innen her gewandelt zu werden. Er öffnete sich dem Göttlichen, ließ alles los, was ihn von der Quelle des Friedens hätte ablenken können. Sein Gebet ist Ausdruck dafür:

> *Mein Herr und mein Gott*
> *nimm alles von mir*
> *was mich hindert zu dir*
>
> *Mein Herr und mein Gott*
> *gib alles mir*
> *was mich führt zu dir*
>
> *Mein Herr und mein Gott*
> *nimm mich mir und gib*
> *mich ganz zu eigen dir*

Von intensivster innerer Gotteserfahrung spricht auch das Radbild.

Für Bruder Klaus war es ein Zeichen für Gott. Es diente ihm zur Meditation. Die Mitte ist der einigende Grund, von der alle Kraft ausströmt. Vom innersten Punkt sagte Bruder Klaus, er bedeute die ungeteilte Gottheit, von der alles ausgeht und zu der alles wieder zurückkehrt.

Aus der Kraft der Innerlichkeit wurde Bruder Klaus zum weisen Ratgeber und zum Anwalt für die Armen und Leidenden.
Ein zeitgenössischer Gelehrter und bedeutender Reformator des deutschen Benediktinerordens, Johannes Trithemius, sagt von Bruder Klaus: »...er war ein scharfsinniger, sicherer und ganz mit dem Evangelium übereinstimmender Berater, der durch Wort und Beispiel viele vom Unrecht auf den Pfad eines besseren Lebens brachte; denn er hatte eine besondere Gnade, nicht nur einfache Seelen zu ermahnen, sondern auch die Trauernden und Schwermütigen zu trösten, eine

Gnade, die ihm die göttliche Kraft erteilt hatte wegen der allseitigen Reinheit seines Gemütes.«

Die tägliche Versenkung in die göttliche Gegenwart und das unablässige Einüben in Gottes Willen formte Bruder Klaus zur kraftvollen Persönlichkeit, die die im Streit verhärteten Eidgenossen zur gewaltlosen Lösung des Konfliktes bewegen konnte. Viele Tagsatzungen (Verhandlungen) vermochten den erbitterten Streit zwischen den Städte- und Länderkantonen in der Frage um die Aufnahme von Freiburg und Solothurn in den Bund nicht zu schlichten. Bruder Klaus, durch Meditation und Gebet geläutert und gestärkt, vermittelte in entscheidender Stunde einen Lösungsvorschlag, der den Frieden brachte.

Die Bedeutung des Friedenssschlusses durch Bruder Klaus ist im Stanser Verkommnis (Abkommen) von 1481 und in vielen offiziellen Dankschreiben bezeugt. Im Dankesbrief des Rates von Solothurn an Bruder Klaus steht:

»Ehrwürdiger und andächtiger Bruder! Wir der Schultheiss und Rat zu Solothurn... sind berichtet, dass Ihr durch Gnade des allmächtigen Gottes... in der ganzen Eidgenossenschaft Friede, Ruhe und Einhelligkeit gemacht habt durch Euren getreuen Rat und Unterricht. Und dass Ihr so viel Gutes Unserthalben geredet, dass wir jetzt verbrüdert sind in einem ewigen Bund mit gesamter Eidgenossenschaft. Dafür sagen wir billig dem wahren Gott und... Euch als Liebhaber des Friedens gross Lob und Dank...«

Die Visionen

DIE VORGEBURTLICHE VISION

Ehe er geboren war, habe er im Mutterleib einen Stern am Himmel gesehen, der die ganze Welt durchschien, und seit er im Ranft wohne, habe er stetsfort einen Stern am Himmel gesehen, der ihm gleich wäre, so daß er sicher glaube, er möchte es sein. Das bedeute, wie er es auslegte, daß jedermann von ihm zu sagen wußte, daß er in der Welt also scheine. Auch habe er vor seiner Geburt im Mutterleib einen großen Stein gesehen, der bedeute die Festigkeit und Stetigkeit seines Wesens, darin er beharren und von seinem Unternehmen nicht abfallen sollte. Dabei habe er im Mutterleib das heilige Öl gesehen.

von Anfang an
erwählt
bereitet
dem licht geöffnet
die nacht ist gebrochen
ein stern

still und bestimmt
auf tragendem grund
was immer geschieht
fest
wie der stein

lebendige kraft
aus innerstem sein
gesalbt
gezeichnet
für immer

DIE TURMVISION

Auch habe er, als er sechzehn Jahre alt war, einen hohen, schönen Turm gesehen, an der Stelle, wo jetzt sein Häuslein und die Kapelle stünden. Daher sei er auch von jung auf willens gewesen »ein einig wesen zu suochen, als er ouch getan«.

von der oberfläche weg
hinunter
stufe um stufe hinunter
an den letzten platz
wird das fundament gelegt
»wenn ich demut habe und den glauben«

aus tiefstem grund
wächst der turm
»ein einig wesen«
mit gott

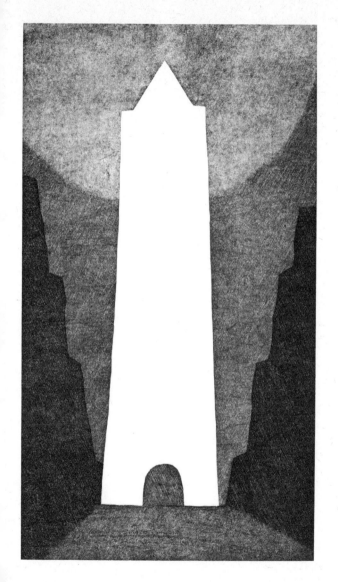

DIE VISION VON DER LILIE,
DIE VOM PFERDE GEFRESSEN WURDE

Als er nämlich zu anderer Zeit, um das Vieh zu besehen, auf die Wiese kam, setzte er sich auf die Erde und begann nach seiner Weise aus innerstem Herzen zu beten und sich himmlischen Betrachtungen hinzugeben, und plötzlich sah er aus seinem eigenen Munde eine weiße Lilie von wunderbarem Wohlgeruch emporwachsen, bis daß sie den Himmel berührte. Als aber bald darauf das Vieh (aus dessen Ertrag er seine ganze Familie erhielt) vorüberkam und er ein Weilchen den Blick senkte und sein Auge auf ein Pferd heftete, das schöner als die andern war, sah er, wie sich die Lilie aus seinem Munde über jenem Pferde niederneigte und von dem Tiere im Vorübergehen verschlungen wurde.

fest auf der erde
suchst du den himmel

eine lilie blüht auf

vertrauter besitz
lockt dich nach unten
öffnet den schlund:
gähnender abgrund
verschlingt die schöne

DIE VISION VON DEN FEUERFLAMMEN

Es wurde schon erwähnt, daß er auf Bitten der Gemeinde und zu ihrem Nutz und Frommen sich bereit fand, im Rat und im Gericht der Gemeinde zu sitzen. Und wenn dann manchmal einer bei den abschließenden Verhandlungen nach Gunst oder Mißgunst entschied oder urteilte – zum Schaden des Gemeinwohls oder irgend jemandes Recht –, dann sah der fromme, ehrenhafte Mann wiederholt aus eines solchen Mannes Mund feurige Flammen von schrecklicher Gestalt hervorfahren, weshalb er sich auch entschloß, weltliche Ehre und Macht nicht anzustreben, mit der so schwer auf untadelige Weise umzugehen ist.

götze geld
brennt heiß auf der zunge
schlägt feuer
verrat

im kampf für die wahrheit
taugt nur das ganze

bruch
jeder gemeinschaft der lüge

DIE VISION DER DREI BESUCHER

Drei wohlgestalte Männer, die in Gewandung und Haltung einen adligen Rang verrieten, kamen zu ihm, während er mit häuslicher Arbeit beschäftigt war. Der erste begann in folgender Weise das Gespräch: »Nikolaus, willst du dich mit Leib und Seele in unsere Gewalt geben?« Jener erwiderte sofort: »Niemandem ergebe ich mich als dem allmächtigen Gott, dessen Diener ich mit Seele und Leib zu sein verlange.« Auf diese Antwort wandten sie sich ab und brachen in ein fröhliches Lachen aus. Und wiederum zu ihm gewendet, sprach der erste: »Wenn du allein in die ewige Knechtschaft Gottes dich versprochen hast, so verspreche ich dir für gewiß, daß, wenn du das siebenzigste Jahr erreicht hast, dich der barmherzige Gott, deiner Mühen sich erbarmend, von aller Beschwernis erlöst; darum ermahne ich dich inzwischen zu beharrlicher Ausdauer, und ich werde dir im ewigen Leben die Bärenklaue und die Fahne des siegreichen Heeres geben; das Kreuz aber, das dich an uns erinnern soll, lasse ich dir zum Tragen zurück.« Darauf entfernten sie sich. Aus diesen Worten erkannte er, daß er, wenn er die Bedrängnisse vielfältiger Versuchung tapfer überwinde, begleitet von einer großen Heerschar in die ewige Glorie eingehen werde.

folgst du deinem Herrn wählst du das kreuz
sein weg ist ein kreuzweg

gehst du den weg nicht
stellt sich das kreuz
unausweichlich quer in den weg

folgst du deinem herrn wählst du den sieg
beflügelt befreit trägst du das kreuz
daß es keiner versteht
der den weg nicht geht:
kreuz und siegesfahne

DIE REINIGENDE FEILE

Als es nämlich ihm (Gott) gefiel, um mich zurückzukaufen, seine Barmherzigkeit gegen mich voll zu machen, wandte er die reinigende Feile und den antreibenden Sporn an...

jeder schritt vorwärts
bringt leiden:
kampf für den durchbruch des guten
dem alten menschen viele tode sterben
zu öffnen den grund
für den alles übersteigenden einbruch
der liebe

DIE VISION VOM PILGER
IN DER BÄRENHAUT

...Und ihn dünkte in seinem Geist, es käme ein Mann in Pilgers Art, er führte einen Stab in seiner Hand, seinen Hut hatte er so aufgebunden und nach hinten umgekrempt wie einer, der auf die Straße will, und er trug einen Mantel. Und er erkannte in seinem Geist, er (der Wanderer) käme von Sonnenaufgang oder von fern her. Wiewohl er das nicht sagte, kam er von daher, wo die Sonne im Sommer aufsteht. Und als er zu ihm kam, da stand er vor ihm und sang diese Worte: Alleluja. Und als er anfing zu singen, widerhallte ihm die Stimme, und alles, was zwischen Himmel und Erdreich war, hielt (d.h. unterstützte) seine Stimme, wie die kleinen Orgeln die großen. Und er hörte aus einem Ursprung drei vollkommene Worte hervorgehen und sie wieder verschließen in ein Schloß, wie eine Feder, die sehr stark vorschießt. Und als er die drei vollkommenen Worte, deren keines das andere berührte, gehört hatte, mochte er doch nicht sprechen denn von einem Wort. Und als er diesen Gesang vollendet hatte, bat er den Menschen um eine Gabe. Und er (Bruder Klaus) hatte einen Pfennig in der Hand und wußte nicht, woher ihm der gekommen war. Und er (der Wanderer) zog den Hut ab und empfing den Pfennig in den Hut. Und der Mensch hatte nie erkannt, daß es so eine große Ehrwürdigkeit war, eine Gabe in den Hut zu empfangen. Und den Menschen wunderte es sehr, wer er wäre oder von wo er käme, und er (der Wanderer) sprach: Ich komme von da, und weiter wollte er ihm nichts mehr sagen.

Und er (Bruder Klaus) stand vor ihm und sah ihn an.

Da hatte er sich verwandelt und ließ sich sehen mit unbedecktem Haupt und hatte einen Rock an, der war blau- oder graufarben, doch sah er den Mantel nicht mehr, und war ein so adeliger, wohlgeschaffener Mensch, daß er nicht anders konnte, als ihn mit merklicher Lust und Verlangen anzuschauen. Sein Antlitz war braun, so daß es ihm eine edle Zierde gab. Seine Augen waren schwarz wie der Magnet, seine Glieder waren so wohlgeschaffen, daß dies eine besondere Schönheit an ihm war. Obwohl er in seinen Kleidern steckte, so hinderten ihn die Kleider nicht, seine Glieder zu sehen.

Wie (Bruder Klaus) ihn so unverdrossen ansah, richtete er (der Wanderer) seine Augen auf ihn. Da erschienen viele große Wunder: Der Pilatusberg ging nieder auf das Erdreich (d. h. duckte sich platt auf die Erde), und es öffnete sich die ganze Welt, daß ihm deuchte, es wäre alle Sünde offenbar, die in der Welt wäre, und es erschien eine große Menge von Leuten, und hinter den Leuten erschien die Wahrheit, und alle hatten ihr Antlitz von der Wahrheit abgewendet. Und allen erschien am Herzen ein großes Gebresten, wie zwei Fäuste zusammen. Und dieses Gebresten war Eigennutz, der irrt (verführt) die Leute so sehr, daß sie des Mannes Angesicht nicht zu ertragen vermochten, sowenig der Mensch Feuerflammen ertragen mag, und vor grimmer Angst fuhren sie umher und fuhren zurück, fort mit großem Schimpf und Schande, so daß er sie von weitem hinfahren sah. Und die Wahrheit, die hinter ihrem Rücken erschien, die blieb da.

Und sein Antlitz verwandelte sich einer Veronika (Christusbild) gleich, und er (Bruder Klaus) hatte ein großes Verlangen, ihn mehr zu schauen. Und er sah ihn wiederum, wie er ihn vorher gesehen hatte, aber seine Kleider waren verwandelt und (er) stand vor ihm und war mit einer Bärenhaut bekleidet, mit Hose und Rock. Die Bärenhaut war besprengt mit einer Goldfarbe. Aber er sah und erkannte wohl, daß es eine Bärenhaut war. Die Bärenhaut zierte ihn besonders gut, so daß der Mensch (Bruder Klaus) sah und erkannte, daß es eine besondere Zierde an ihm war.

Und wie er vor ihm stand und sich sehen ließ so adelig in der Bärenhaut, da erkannte er (Bruder Klaus), daß er von ihm Abschied nehmen wollte. Er sprach zu ihm: »Wo willst du hin?« Er sprach: »Ich will das Land hinauf.« Und weiter wollte er ihm nichts sagen. Und als er von ihm schied, sah er ihm unverdrossen nach. Da sah er, daß die Bärenhaut an ihm glänzte, minder oder mehr, wie einer, der mit einer wohlgefegten Waffe hantiert und deren Gleißen man an der Wand sehen kann. Und er dachte, es wäre etwas, das vor ihm verborgen wäre. Und da er (der Wanderer) von ihm weg war, vier Schritte oder beiläufig, da kehrte er sich um und hatte den Hut wieder auf, zog ihn ab und neigte sich gegen ihn und verabschiedete sich von ihm. Da erkannte er an ihm eine solche Liebe, die er zu ihm trug, daß er ganz in sich geschlagen wurde und bekannte, daß er diese Liebe nicht verdiente, daß die Liebe in ihm war. Und er sah in seinem Geist, daß sein Antlitz und seine Augen und sein ganzer Leib so voll minnereicher Demut war, wie ein Gefäß, das zugefüllt ist mit Honig, so daß kein Tropfen mehr darein mag. Da sah er ihn (den Wanderer) weiterhin nicht mehr. Aber er war so gesättigt von ihm, daß er nichts mehr von ihm begehrte. Es schien ihm, er hätte ihm kundgetan alles, was im Himmel und auf Erden war.

aus lauterem grund
steigt das vollkommene wort

sein lied erfüllt dreifach die erde

der es vernommen, vermag nicht mehr zu sprechen
denn von dem einen Wort:
alleluja

du liebst die wahrheit
siehst ihr ins angesicht
in ihren augen offenbart sich die welt

>   menschen irren umher
>   aufgebläht
>   voll eigennutz und habengier
>   das herz erstickt
>   sinnentleert
>   lärmen sie in den tod

urgrund freude
welten wahrheit

im bilde der veronika

erfüllt
verströmt
die liebe

DIE VISION VON DER WOLKE

Als er einmal am Anfang seines Abbruches in das Melchi mähen gehen wollte, und unterwegs hätte er Gott um die Gnade gebeten, daß er ihm ein andächtiges Leben gebe, da sei eine Wolke vom Himmel gekommen, die redete mit ihm und sprach, er solle sich ergeben in den Willen Gottes, er sei ein törichter Mann, und was Gott mit ihm wirken wolle, darin solle er willig sein, und darum habe er sich mit Recht in Gottes Willen ergeben.

nicht zeichen und wunder
nur eine wolke über dir
da wo du stehst (nicht fern)
rüttelt dich wach:

törichter mann
höre auf leisere stimmen
schau in dich
dein weg deine Zukunft liegen in dir
zögere nicht
jetzt – folge mir nach

DIE VISION BEI LIESTAL

Und als er damals gegen Liestal kam, dünkte ihn, wie selbe Stadt und alles darin ganz rot wäre, darob er erschrak. Deshalb sei er aus ihr weg auf einen Hof zu einem Bauern gegangen, dem er nach mancherlei Rede seinen Willen zu verstehen gegeben, woran der selige Bauer keinen Gefallen hatte, sondern ihm das widerriet und meinte, er sollte wieder heimgehen zu den Seinen und daselbst Gott dienen. Das würde Gott angenehmer sein, als wenn er andern, fremden Leuten zur Last falle; und er werde es ruhiger haben, aus der Ursach, daß er ein Eidgenosse, denen nicht alle gleich hold wären. Darum ging er in derselben Nacht aus des Bauern Haus auf das Feld. Da lag er die Nacht bei einem Zaun, und als er einschlief, kam ein Glanz und ein Schein vom Himmel; der öffnete ihn am Bauche, wovon ihm solcher Schmerz geschah, als ob ihn einer mit einem Messer aufgeschnitten, und zeigte ihm, daß er wieder heim und in den Ranft gehen sollte, was er auch sofort am Morgen tat.

aufgerissen
empfindlich getroffen vom strahl
der schmerzt wie ein messer
liegt er die nacht am boden

die stadt brennt rot
was hinter ihm liegt ist dunkel

kein weg
keine antwort

offensein ist alles

absichtslos
nur wahr und ganz bereit
heimatlos in die heimat zurück
kann die zukunft beginnen

DIE VISION VON DEN VIER LICHTERN

Als er lange und viel Klüfte und grausige Schluchten durchwandert, sah er vier heitere Lichter vom Himmel kommen und in jenen Teil des Tales hinabsteigen, die man Ranft nennt. Dadurch wurde er belehrt und erkannte, daß dort der Ort sei, der für einen zur Lobpreisung Gottes bestimmten Aufenthalt sich eigne.

tage und nächte
verwundet nicht wissend
treu dem meister in dir
durchschreitest du dunkel
neu zu empfangen
das licht

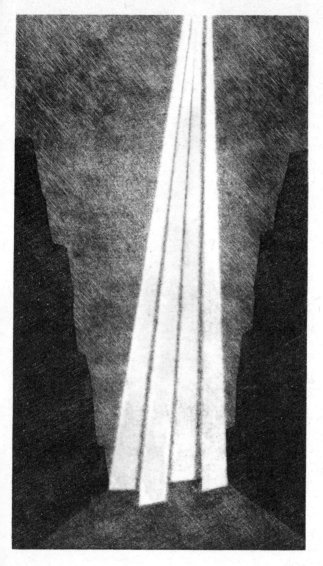

DIE VISION
VON DER DREIFACHEN DANKSAGUNG

Ein Mensch unterbrach den Schlaf um Gottes und seines Leidens willen, und er dankte Gott für sein Leiden und seine Marter. Und Gott gab ihm Gnade, so daß er Unterhaltung und Freude darin fand. Hierauf legte er sich zur Ruhe. Und als seine Vernunft in Fesseln geschlagen war und er doch meinte, daß er noch nicht eingeschlafen wäre, schien es ihm, als ob einer zur Tür hereinkäme, mitten im Haus stünde und ihm mit kräftiger, heller Stimme riefe, wie er denn hieß, und sprach: »Komm und sieh deinen Vater, und schau, was er macht!« Und es schien ihm, als käme er schnell an eines Bogens Ziel (das ist auf Pfeilschußweite) in ein schönes Zelt in einen weiten Saal. Da sah er einige Leute darin wohnen, und er war bei ihm, der ihn gerufen hatte, und stand an seiner Seite und führte für ihn das Wort und sprach: »Dieser ist derjenige, der dir deinen Sohn gehoben und getragen hat und ihm zu Hilfe gekommen ist in seiner Angst und Not. Danke ihm dafür und sei ihm dankbar.« Da kam ein schöner, stattlicher Mann durch den Palast gegangen mit einer glänzenden Farbe in seinem Angesicht und in einem weißen Kleide wie ein Priester in einer Albe. Und er legte ihm seine beiden Arme auf seine Achseln und drückte ihn an sich und dankte ihm mit einer ganzen inbrünstigen Liebe seines Herzens, daß er seinem Sohn also wohl zustatten gekommen und zu Hilfe in seiner Not. Und derselbe Mensch wurde in sich selber geschlagen und erschrak sehr darob und bekannte sich selber unwürdig und sprach: »Ich weiß nicht, daß ich deinem Sohn je einen

Dienst erwiesen habe.« Da verließ er ihn und sah ihn fürderhin nicht mehr.

Und da kam eine schöne, stattliche Frau durch den Palast gegangen, auch in einem solchen weißen Kleid. Und er sah wohl, daß ihnen das weiße Kleid ganz neu gewaschen anstand. Und sie legte ihm ihre beiden Arme auf seine beiden Achseln und drückte ihn gründlich an ihr Herz mit einer überfließenden Liebe, daß er ihrem Sohn so getreulich zustatten gekommen in seiner Not. Und der Mensch erschrak darüber und sprach: »Ich weiß nicht, daß ich eurem Sohn je einen Dienst getan hab', außer daß ich herkam, um zu sehen, was ihr tätet.« Da schied sie von ihm, und er sah sie fürderhin nicht mehr.

Da blickte er neben sich. Da sah er den Sohn neben sich sitzen in einem Sessel und sah, daß er auch ein solches Kleid anhatte; es war besprengt mit Rot, als ob einer mit einem Wedel daraufgesprengt hätte. Und der Sohn neigte sich gegen ihn und dankte ihm inniglich, daß er ihm auch so wohl zustatten gekommen in seinen Nöten. Da blickte er an sich selbst hernieder. Da sah er, daß er auch ein weißes Kleid an sich trug und besprengt mit Rot wie der Sohn. Das verwunderte ihn sehr, und er wußte nicht, daß er es angehabt hatte. Und schnell auf einmal fand er sich selber an der Statt, wo er sich niedergelegt hatte, so daß er nicht meinte, daß er geschlafen hätte.

»Ihr sollt das Leiden Gottes in Euren Herzen tragen, denn es ist des Menschen größter Trost an seinem letzten Ende.«

(Bruder Klaus, im Brief an den Rat von Bern 1482)

leid und qualen hingegeben
an dem ort wo leid zu liebe wird

ungeahnt
vom geiste weggetragen
ruhst du dich in gottes armen aus

DIE BRUNNENVISION

Ein Mensch unterbrach den Schlaf um Gottes willen und um seines Leidens willen. Und er dankte Gott für sein Leiden und seine Marter. Und ihm gab Gott Gnade, daß er darin seine Unterhaltung und Freude fand. Hierauf legte er sich zur Ruhe, und es schien ihm in seinem Schlaf oder in seinem Geist, er käme an einen Platz, der einer Gemeinde gehörte. Da sah er daselbst eine Menge Leute, die taten schwere Arbeit; dazu waren sie sehr arm. Und er stand und schaute ihnen zu und verwunderte sich sehr, daß sie so viel Arbeit hatten und doch so arm waren. Da sah er zur rechten Hand ein Tabernakel erscheinen, wohlgebaut. Darein sah er eine offene Tür (hinein-) gehen, und er dachte bei sich selbst: Du mußt in den Tabernakel gehen und mußt sehen, was darin sei, und mußt bald zu der Tür hereinkommen. Da kam er in eine Küche, die einer ganzen Gemeinde gehörte. Da sah er zur rechten Hand eine Stiege hinaufgehen, vielleicht vier Stufen messend. Da sah er einige Leute hinaufgehen, aber wenige. Ihm schien, ihre Kleider wären etwas gesprenkelt mit Weiß, und er sah einen Brunnen aus den Stufen in einen großen Trog zu der Küche fließen, der war von dreierlei: Wein, Öl und Honig. Dieser Brunnen floß so schnell wie der Strahlenblitz und machte ein so lautes Getöse, daß der Palast laut erscholl wie ein Horn. Und er dachte: Du mußt die Stiege hinaufgehen und mußt sehen, woher der Brunnen kommt. Und er verwunderte sich sehr, da sie so arm waren und doch niemand hineinging, aus dem Brunnen zu schöpfen, was sie wiederum so wohl hätten tun können, da er gemeinsam war. Und er ging die Stiege hinauf und kam in einen weiten Saal. Da sah er inmitten des Saales einen großen viereckigen Kasten stehen, aus dem der Brunnen quoll. Und er machte sich an den Kasten und besah ihn. Und als er zu dem Kasten ging, da wäre er fast versunken, wie einer, der über ein Moor geht, und er zog seine Füße rasch an sich und kam zu dem Kasten. Und er erkannte in seinem Geist, wer seine Füße (nicht) rasch an sich zöge, der möchte nicht zum Kasten kommen. Der Kasten war an den vier Ecken beschlagen mit vier mächtigen eisernen Blechen. Und dieser Brunnen floß durch einen Kännel weg und sang so schön in dem Kasten und in dem Kännel, daß er sich darüber höchlich wunderte. Dieser Quell war so lauter, daß man eines jeden Menschen Haar am Boden wohl hätte sehen können. Und wie mächtig er auch daraus floß, so blieb doch der Kasten wimpervoll, daß es überfloß. Und er erkannte in seinem Geist, wieviel daraus floß, daß immer noch gern mehr darin gewesen wäre, und er sah es aus allen Spalten herauszwitern. Und er dachte: Du willst wieder hinabgehen. Da sah er (es) allerseits mächtig in den Trog strömen, und er dachte bei sich selbst: Du willst hinausgehen und sehen, was die Leute tun, daß sie nicht hereingehen, des Brunnens zu schöpfen, dessen doch ein großer Überfluß ist. Und er ging zur Tür hinaus. Da sah er die Leute schwere Arbeit tun und dazu fast arm sein. Da beobachtete er sie, was sie täten. Da sah er, daß einer dastand, der hatte einen Zaun geschlagen mitten durch den Platz. In der Mitte des Zaunes hatte er einen Gatter, den hielt er vor ihnen zu mit der Hand (und) sprach zu ihnen: »Ich lasse euch weder hin noch her, ihr gebt mir denn den Pfennig.« Er sah einen, der drehte den Knebel auf der Hand und sprach: »Es ist darum erdacht, daß ihr mir den Pfennig gäbet.« Er sah Pfeifer, die ihnen aufspielten und ihnen den Pfennig heischten. Er sah Schneider und Schuhmacher und allerlei Handwerksleute, die da den Pfennig von ihm haben wollten. Und ehe sie das alles ausrichteten, da waren sie so arm, daß sie kaum das bekamen. Und er sah niemanden hineingehen, um aus dem Brunnen zu schöpfen. Wie er so stand und ihnen zusah, da verwandelte sich die Gegend und wurde zu einer wüsten Steinhalden daselbst und glich der Gegend, die um Bruder Klausens Kirche liegt, wo er seine Wohnung hat, und er erkannte in seinem Geist, dieser Tabernakel wäre Bruder Klaus.«

dreimal köstlich fließt der brunnen
für alle
honig, öl und wein

ängstlich besorgt
baut jeder am zaun:
gegen den andern gegen sich selber
darbt in der not

verwundert allein
gehst du hinein
findest den brunnen
und findest den quell

keiner kehrt ein

der brunnen innen
fließt
und fließt
lädt ein

TEXTNACHWEIS UND LITERATUR

Die Visionstexte sind entnommen:

Die vorgeburtliche Vision
Heini Amgrund, Kilchherr zu Stans – Im Kirchenbuch von Sachseln 1488

Die Turmvision
Erni Anderhalden – Im Kirchenbuch von Sachseln 1488

Die Vision von der Lilie
Heinrich Wölflin um 1500

Die Vision von den Feuerflammen
Hans Salat – Publikationen über Bruder Klaus 1535

Die Vision der drei Besucher
Heinrich Wölflin um 1501

Die reinigende Feile
Predigermönch – Vertrauliche Mitteilungen über Bruder Klaus' innere Entwicklung 1469, Staatsarchiv Luzern

Die Vision vom Pilger in der Bärenhaut
(a Alleluja, b Wahrheit, c Veronika)
Caspar am Buel – Kapuzinerkloster Luzern.

Die Vision von der Wolke
Walter von Flüe – Im Kirchenbuch von Sachseln 1488

Die Vision bei Liestal
Erni Rorer – Im Kirchenbuch von Sachseln 1488

Die Vision von den vier Lichtern
Heinrich Wölflin um 1500

Die Vision von der dreifachen Danksagung
Caspar am Buel – Im Luzerner Text

Die Brunnenvision
Caspar am Buel – Im Luzerner Text

Benützte Literatur

Robert Durrer, Bruder Klaus. Die ältesten Quellen über den seligen Niklaus von Flüe, sein Leben und seinen Einfluss, 1917–1921.

Fritz Blanke, Bruder Klaus von Flüe. Seine innere Geschichte, Zwingli-Bücherei 1948.

M. L. von Franz, Die Visionen des Niklaus von Flüe, Daimonverlag 1980.

Walter Nigg, Nikolaus von Flüe, in Bereichen von Zeitgenossen, Walter Verlag 1980.

Die Handabzüge der Original-Holzschnitte
28 x 16 cm
sind als Einzelblätter beim Künstler erhältlich.
Die Auflage ist auf 30 limitiert.

Die ersten Blätter für dieses Büchlein sind schon vor drei Jahren entstanden. Seither haben die Herausgeber, Gertrude und Thomas Sartory, geduldig gewartet, bis nach vielen Versuchen die ganze Reihe durchgestaltet war, wie sie heute in diesem Bändchen vorliegt. Ihnen und dem Verlag danken wir für die Geduld und das Vertrauen.
Anna Maria Widmer danken wir herzlich für die kritische Durchsicht der Texte und manch klärendes Gespräch.

Sachseln, im Dezember 1980
Margrit und Alois Spichtig

Anschrift: Edisriedstraße 65, CH–6072 Sachseln

In Vorbereitung

NIKOLAUS VON MYRA – DIE WAHRHEIT DER LEGENDE

Von Gertrude und Thomas Sartory

St. Nikolaus ist nicht nur den Kindern als vorweihnachtlicher Gabenbringer ein Begriff. Er gilt auch als der Patron der Schiffer, der Kaufleute, der Bäcker und der Schüler. Er wird im östlichen und im westlichen Christentum verehrt. Viele Kirchen tragen seinen Namen. Seine geschichtliche Persönlichkeit verbirgt sich uns hinter einem Kranz schöner Legenden, die von den Wundertaten des Bischofs berichten. Diese Legenden aber – sie sind im zweiten Teil dieses Taschenbuchs wiedergegeben – sind nicht Ausdruck blühender Phantasie, sondern sie geben ein genaues Seelenbild des beliebten Heiligen. Man muß sie nur aus dem richtigen Blickwinkel lesen. Wer sich für die innere Wahrheit der Nikolaus-Legenden interessiert, für einen Zugang zum Verständnis der Heiligen-Legenden überhaupt, der findet in dem vorliegenden Taschenbuch eine hervorragende Einführung. In den Wundergeschichten wird die Weisheit und die Güte eines Menschen sichtbar, den sich viele Christen in Ost und West mit Recht zum Vorbild wählten.

Herderbücherei

*Taschenbücher
zum Bedenken und Verschenken*

»Texte zum Nachdenken«
Herausgegeben von
Gertrude und Thomas Sartory

Mahatma Gandhi
Handeln aus dem Geist
Band 632, 128 Seiten, 5. Aufl.

Weisung in Freude
Aus der jüdischen Überlieferung
Band 633, 128 Seiten, 2. Aufl.

Henry D. Thoreau
Leben aus den Wurzeln
Textauswahl und Einführung von Susanne Schaup
Band 655, 112 Seiten, 3. Aufl.

Ich sah den Ochsen weinen
Heilige und Tiere
Band 747, 160 Seiten

Heimgang
Orientierungen für den letzten Weg
Band 820, 128 Seiten

Herderbücherei